NANT D'AVEYRON
ET SON ANCIENNE ABBAYE

MONOGRAPHIE
SUR
Nant d'Aveyron
et son ancienne Abbaye

DEPUIS SON ORIGINE JUSQU'A LA RÉVOLUTION FRANÇAISE

Par

Elie MAZEL

Ancien Secrétaire de la Mairie de Nant

✣

RODEZ

IMPRIMERIE CARRÈRE

M CM XIII

MONOGRAPHIE

SUR

Nant d'Aveyron

et son ancienne Abbaye

DEPUIS SON ORIGINE JUSQU'A LA RÉVOLUTION FRANÇAISE

Par

ELIE MAZEL

Ancien Secrétaire de la Mairie de Nant

RODEZ

IMPRIMERIE CARRÈRE

M CM XIII

AVANT-PROPOS

N'avez-vous rien sur Nant ? Un pays si joli, une église si belle et si bien conservée doivent avoir une histoire !

A cette question qui m'a été très souvent adressée par des érudits étrangers, qui après avoir vu Nant s'y intéressèrent, je répondais invariablement : Non, nous n'avons pas grand chose sur Nant et son origine ; presque pas de documents ; tout a disparu dans diverses tourmentes, presque rien pour étayer un récit sinon véridique, du moins vraisemblable.

La notice sur l'église de Saint-Pierre de Nant de l'abbé XXX, parue vers 1850, qui n'est pour ainsi dire que la copie sèche et stérile de la « Gallia Christiana », m'étant tombée sous la main, me décida à colliger les quelques notes éparses que j'avais recueillies lors de mon passage au secrétariat de la mairie, et d'en faire un tout homogène qui pourra servir plus tard de cadre à quelqu'un plus autorisé et plus érudit voulant écrire une véritable histoire locale.

Je dois des remerciements à M. Joseph Michel pour les documents qu'il a bien voulu me communiquer et qu'il a lui-même copiés à la Bibliothèque nationale ; ainsi qu'à M. le chanoine André, curé de Nant, qui a mis à ma disposition le livre de paroisse très documenté en ce qui concerne l'occupation de notre pays par les Anglais.

Je demande l'indulgence du lecteur, car en écrivant ces notes, je n'ai pas voulu faire œuvre littéraire ; mon but a été simplement de faire naître dans le cœur de tout Nantais, un souvenir ému et reconnaissant pour tous ceux qui, de près ou de loin, ont contribué jusqu'à nos jours à la formation et à la prospérité de notre petite patrie.

Je dédie mon travail à mon oncle le docteur Elie Mazel, qui, habitant Nîmes depuis plus de soixante ans, a su conserver constamment pour son pays d'origine un amour toujours jeune dans un cœur de quatre-vingt-cinq ans.

   E. M.

MONOGRAPHIE
SUR
Nant d'Aveyron
ET SON ANCIENNE ABBAYE
DEPUIS SON ORIGINE JUSQU'A LA RÉVOLUTION FRANÇAISE

I

NANT AU POINT DE VUE TOPOGRAPHIQUE ET GÉOLOGIQUE

Nant, véritable émeraude enchâssée dans un écrin d'argent, a dit un géographe, est situé dans une vallée d'érosion de 300 mètres de profondeur, à l'extrémité sud-est de l'Aveyron, entre le plateau du Larzac et les derniers contreforts des Cévennes.

La Dourbie, qui prend sa source à douze cents mètres d'altitude sur cette chaîne de montagnes, le traverse sur le côté nord-est, décrivant plusieurs méandres, et paraissant se reposer aujourd'hui des gigantesques travaux qu'elle y a accomplis dès les premiers âges de la formation terrestre.

C'est elle en effet qui, grossie par les pluies incessantes et diluviennes des âges anciens, en a été le principal artisan, mettant à jour les dolomies et pierres sédimentaires qui forment aujourd'hui les arêtes des montagnes environnantes, et dont les plus beaux spécimens sont d'un côté : le Roc Nantais à face de sphynx gigantesque de quarante mètres de hauteur côté nord et, côté nord-ouest, la couronne de roches des Cungs dressant leur masse comme une énorme mâchoire.

Plus modeste est la rivière du Durzon, mais aussi plus jeune. Sa source située à six kilomètres, sud-ouest, de Nant, au pied du Larzac dont elle est un des principaux exutoires, compte parmi les plus belles et les plus abondantes de France.

Dès le principe, cette rivière aux eaux calcaires s'était creusé un lit profond jusqu'à la roche, et c'est probablement par la voie de la Barbaresque qu'elle rejoignait la Dourbie avant l'élaboration du tuf au sein de la vallée.

S'il nous était permis de pénétrer les secrets de la nature et d'expliquer comment cette couche tuffeuse, qui atteint parfois l'épaisseur de sept à huit mètres, a pu se former, nous dirions que le Durzon, sans cesse contrarié par les matériaux entraînés à chaque orage par les ravins de Vallongue et de Saint-Guinhol, était obligé d'obliquer constamment son cours vers les marnes sur lesquelles repose la montagne du Saint-Alban, s'étendant peu à peu vers les Estrades hautes, jusqu'à la Mouline et y laissant ainsi chaque jour son dépôt calcaire, à travers les herbages, les prêles, ajoncs et arbustes de toute nature.

Combien de temps a-t-il fallu à cette rivière pour opérer un tel dépôt ? Pareil calcul n'est pas de notre domaine.

Cependant vint un jour où les marnes du St-Alban, sans cesse corrodées par les eaux et effritées par les gelées, cédèrent sous le poids de la masse supérieure de la montagne, ce qui nous permet d'affirmer que le Durzon a été le principal artisan des éboulements des Cazelles et du Ségala sous lesquels il avait coulé précédemment, et qu'ainsi ses eaux refoulées vers le Devois opérèrent leur dépôt jusque sur les terrains avoisinant le cimetière et le faubourg haut.

II

PREMIÈRE APPARITION DE LA VIE HUMAINE

Le caprice des courants, la végétation de grandes mousses, ajoncs, arbustes et plantes aquatiques, des éboulements et autres causes inconnues avaient concurremment contribué à la formation de nombreuses grottes pouvant offrir à la fin du pléistocène ou au commencement de l'époque quaternaire un abri à de nombreux troglodytes.

L'apparition de l'homme habitant des cavernes y a été constatée en effet en 1896. M. l'abbé Hermet, le savant curé de l'Hospitalet, informé de la présence de certains ossements humains dans la grotte des « Embalses » située sous la chapelle de N.-D. du Claux, y fit pratiquer à cette époque des fouilles intéressantes qui lui permirent de mettre à jour quelques silex, un os effilé ayant servi de poinçon ou d'alène, une dent de cheval perforée, sorte d'ornement de cou ou amulette ; des grains de blé carbonisés, de genièvre dans le même état, mais très bien conservés et reconnaissables ; des débris de poterie noire très rudimentaire et quelques ossements épars. Un seul crâne fut retrouvé disposé sous quatre foyers superposés à l'entrée de la grotte (1).

---

(1) A la séance du 24 octobre 1912 tenue à la Société des lettres, sciences et arts de l'Aveyron, rendant compte de sa mission au congrès international d'anthropologie et d'archéologie préhistorique tenu à Genève du 9 au 15 septembre, M. Hermet a dit : « A propos de la grotte sépulcrale préhistorique de Nant où, à côté de plusieurs ossements humains, furent trouvées des offrandes funéraires consistant en blé, gland, genièvre carbonisés, les membres les plus compétents du congrès en cette matière ont trouvé cette découverte d'autant plus intéressante qu'elle est plus rare. D'après M. Saraust, en Europe on n'a trouvé de céréales qu'une fois en Hongrie, une fois en Allemagne, deux fois en Suède, une fois dans un tombeau du Jutland datant de l'âge de bronze. En France des graines carbonisées ont été trouvées par M. Salmon dans un dolmen de Savigny-sur-Orge (Seine-et-Oise).

» La sépulture de Nant remonte à la fin de la pierre polie et à l'aurore de l'âge de bronze, c'est-à-dire à une époque antérieure de 1500 à 2000 ans à l'ère chrétienne ; son observation démontre que les populations quelque sauvages qu'elles fussent croyaient alors à l'immortalité de l'âme.

» Il existe au musée d'art et d'histoire de Genève une vitrine toute garnie des dépouilles des dolmens de l'Aveyron et particulièrement de notre région larzacoise. On y remarque principalement le

D'autres cavernes formées dans le tuf de la vallée ont été certainement habitées, notamment celles de la Calade, faubourg haut, dont les ossements ont été emmurés depuis peu d'années par un propriétaire. A ce titre, cette grotte mériterait d'être explorée.

Ces refuges naturels, à proximité de rivières, d'un lac et marécage très poissonneux se recommandaient spécialement aux troglodytes ne vivant alors presque exclusivement que de chasse ou de pêche.

Tels sont ceux qui les premiers ont pu contempler la majesté de notre roc Nantais, ce témoin muet de leurs faits et gestes, comme de ceux de leurs successeurs jusqu'à nos jours.

Par quels mystérieux chaînons la vie humaine s'est-elle transmise d'eux jusqu'à nous ? Combien d'années nous séparent de ceux-là dont nous avons pu voir quelques vestiges ?

---

mobilier funéraire des dolmens de la Lego et du Pouget : 4 lames en silex, hâche marteau en os ; de la Beaurette : pointe de lance en feuille de laurier (Sauclières). Les dolmens de Cazejourdes et de la Blaquèrerie ont fourni leur appoint. En ce qui concerne la commune de Nant, les dolmens de Comberedonde, du Couderc, de la Liquisse ont fourni des épingles de bronze tréflées, un poignard en bronze, deux alènes en bronze et quelques petits anneaux en bronze. — Ce musée a acquis ces dépouilles de M. B. Tournier, pasteur, qui, pendant plusieurs années consécutives, est venu fouiller les dolmens du Larzac. »

Mystère ! ! !

Le temps, cet éternel destructeur des hommes et des choses, ne nous a point laissé, comme dans d'autres pays plus heureux, de documents positifs ; mais interrogeons les chemins, les villages ; ils nous parleront à leur manière.

Sur les hauteurs du roc Nantais, à quelques kilomètres, nous y voyons la « tombe du Géant » et quelques autres disséminées aux alentours ; sur les rives du Trévezel, vis-à-vis Cantobre, on peut voir deux sépultures creusées dans le roc. Tous ces dolmens de Comberedonde, du Couderc, de la Liquisse, ces sépultures d'origine gauloise ne nous indiquent-ils pas la trace de nos ancêtres ?

Si les villages de Molinis, Ambolo, Maillaco, Caziris, etc., ne datent point de l'époque druidique, par leur consonnance latine ne dénotent-ils point leur existence à l'époque de la domination romaine ?

Une pièce de monnaie de Trajan, second siècle de notre ère, a été découverte tout dernièrement, par un ouvrier agricole, défonçant un terrain de l'ancien Trianciavicum, Saint Martin du Vican.

Sur le plateau du Ségala dominant le Vican et toute la vallée, plusieurs autres pièces anciennes ont été récemment trouvées, notamment une que nous avons reconnue comme étant une pièce romaine, portant sur un côté une tête couronnée de laurier et le mot : *Licinius*. Sur l'avers est un jeune homme élevant la main droite, dans laquelle il tient un objet et, en exergue, le mot : Apollinus. Lucinius Murena, gouverneur de la République romaine, vivait l'an 65-64 avant l'ère chrétienne.[1]

La présence de ces diverses pièces de monnaie et l'examen topographique du petit plateau que forme le Ségala nous induisent à croire que ce lieu a pu être autrefois occupé par quelque légion romaine.

Adossé au pic du Saint-Alban dont il est un éboulement, ce terrain, suffisamment défendu par ses pentes abruptes et presque perpendiculaires, n'était facilement accessible que par le petit ravin du Calvaire.

Là, à l'entrée du plateau, se trouve une muraille, en forme de rempart, laissant ouverture de trois mètres environ, formée de gros blocs de conglomérats grossièrement appareillés.

Le transfert et la mise en place de ces blocs, dont la plupart mesurent plus d'un mètre, ont nécessité l'emploi de plusieurs forces humaines, et l'on ne s'explique guère qu'un propriétaire quelconque ait entrepris ce travail, dans le seul but de défendre un terrain rocailleux et de peu de valeur, d'autant plus que l'ouverture qui en

---

[1] Cette pièce de monnaie peut aussi être attribuée à Licinius, empereur romain (307-324) et beau-frère de Constantin.

commande l'entrée n'a jamais reçu ni porte, ni claire-voie.

Ces divers villages furent reliés entre eux par la *Via strata*, le chemin de l'Estrade, qui, contournant le marécage au pied du mont Saint-Alban, après avoir traversé la rivière du Durzon, grimpait le long de la *Vallis longa* (Vallongue) pour aller rejoindre, sur le Larzac, la grande voie romaine dont on peut voir encore des tronçons, vers la Blaquèrerie, et que l'on reconnaît très bien à son pavage.

De l'autre côté, la *Via strata* traversant la Dourbie au passage à gué qui sert encore de nos jours aux eaux basses entre Molinis et Ambolo, montait à Caziris, village situé sur le terroir de Cazic, et se dirigeait sur la hauteur vers le Causse Beghon.

Nous devons admettre que lorsque les Romains occupèrent la Gaule Transalpine ils vinrent aussi bien à Nant qu'à Millau, où l'abbé Hermet a fait en ces derniers temps la découverte de grandes fabriques de poterie romaine dans les terrains de la Graufesenque.

Le baron de Gaujal dans ses *Essais historiques sur le Rouergue*, d'autres savants parmi lesquels l'auteur d'une *Conférence ecclésiastique* du diocèse de Rodez parue en 1894, page 422 et suivantes, qui se sont occupés de la question si obscure de l'évêché d'Arisitum, ont établi qu'un chrétien du nom de Ferréol, préfet du prétoire sous Valentinien III au commencement du Vᵉ siècle (424-455), avait fixé sa résidence à Trévidon.

« Nous lisons dans Sydoine Appollinaire, dit
» Bosc, p. 66, que Ferréol habitait le long de la
» petite rivière de Trévezels, dans un château
» appelé Trévidon, qu'on trouve encore sur les
» anciennes cartes de la *Gallia Bracata*. »

Ne serait-ce point l'ancien château de Cantobre, près de Nant, forteresse imprenable sur rocher de 300 mètres de long et 30 de hauteur, accessible d'un seul endroit, que défendait une muraille que l'on voit encore de nos jours ainsi que le portail roman qui y donnait accès ?

« Tonnance Ferréol, continue l'abbé Bosc,
» avait outre cela sur le Gardon, près de Nîmes,
» une maison de campagne appelée Prusian,
» mais il forma vers l'an 470 la résolution d'al-
» ler avec Papianille, son épouse, faire sa rési-
» dence à Trévidon où sa famille était déjà fixée
» depuis longtemps. Sydoine Appollinaire, évê-
» que de Clermont, son parent et son contem-
» porain, fit tous ses efforts pour l'en détourner,
» comme nous le voyons par une de ses épîtres
» dans laquelle il lui donne des habitants du
» Rouergue une idée peu flatteuse pour eux.....
» Quoi ! lui dit-il, vous voulez aller à Trévidon,

» sur ces montagnes si voisines des calomnia-
» teurs Ruthènes ?

*Ibis Trevidon et calumniosis
Vicinum nimis heu ! jugum Ruthenis ?*

» Mais ces représentations ne l'empêchèrent pas
» de s'y établir avec sa famille. »

Nous devons nous demander quelles furent les raisons qui avaient pu déterminer un personnage si important à choisir pour demeure un pareil pays perdu dans nos montagnes.

L'empire romain était déjà en pleine décadence. Les Goths en 412 avaient envahi la Gaule sous la conduite d'Ataulf, et Honorius (384-423), le plus misérable empereur romain de cette époque, avait cédé à leur roi Wallia toute l'Aquitaine avec Toulouse pour capitale.

Les incursions de ces barbares dans le pays des Ruthènes avaient été très fréquentes et dévastatrices ; les populations terrorisées fuyaient à leur approche, cherchant des refuges naturels et inaccessibles. Pourquoi Ferréol n'aurait-il pas suivi cette conduite et pris ce parti ? Trévidon, que nous traduisons par Cantobre, perdu dans les derniers contreforts des Cévennes, encerclé par le Dourbie et le Trévezels qui baignent son rocher en s'y joignant, réunissait toutes les conditions pour lui servir de retranchement.

La famille de Ferréol avait alors dans le pays des possessions immenses ; elle fut, dit l'abbé Servières, une des plus illustres des Gaules, par son origine, ses alliances, ses grands hommes, ses savants et même ses saints. C'est de la souche de Ferréol que naquirent, dit-on, saint Firmin, sainte Tarcisse, Aigulfe et Déothaire évêques de Metz, Apollinaire, etc.

III

ÉVÊCHÉ D'ARISITUM

Déjà l'évêché de Rodez avait été détruit par les Goths. Pour subvenir aux besoins spirituels des populations chrétiennes de nos montagnes, un nouvel évêché fut fondé à Arisitum.

Nul doute que ce ne fut grâce à l'influence et par les soins de la famille de Ferréol.

Tonnance, fils aîné du préfet du prétoire, marié à Deutherie, fille de Clovis, était propriétaire de tout le pays d'Arisitum qui lui était échu en partage. Son fils cadet Déothaire en fut le premier évêque (533-560).

Le fils aîné de Tonnance, nommé Amsbert, qui avait épousé Blitilde, fille de Clotaire Ier, avait donné naissance à Mondéric, lequel après avoir été archiprêtre de Tonnerre (1) succéda à son

---

(1) Et apud Arisitensem vicum Mundericus episco-

oncle Déothaire et en fut ainsi le second (560-575).

Ces deux membres d'une même famille, remplissant l'un après l'autre la même charge épiscopale sur le siège d'Arisitum, ne permettent-ils pas de conclure qu'ils en furent les premiers fondateurs ?

Cet évêché se composait de quinze paroisses distraites de l'ancien diocèse de Rodez, ayant pour limites naturelles le Cernon, le Tarn et la Dourbie ; il comprenait en outre Meyrueis, Trêves, la baronnie d'Hierle, Sumène, le Vigan, Alzon et autres paroisses de l'évêché d'Uzès.

Où était Arisitum ? Quel fut l'emplacement de cette ville épiscopale ?

Cette question souvent agitée, n'a pas été résolue définitivement par les critiques et ne le sera probablement jamais.

D'aucuns le placent sur le Larzac, mais n'en désignent aucune trace, limitant ce pays au territoire que nous comprenons aujourd'hui sous cette appellation, alors que le Larzac pouvait à cette époque tenir toute la région montagneuse de nos contrées, même une partie des Cévennes.

---

pus constituitur, habens sub se plus minus diœceses quindecim quas primum Gothi quidem tenuerant, nunc vero Dalmatius episcopus Ruthenensis vindicabat (**Grégoire de Tours**).

D'après Germer Durand (*Dict. top. du Gard*) ainsi que le *Cartulaire de la Cath. de Nîmes*, Arisitum ne serait que le Vicanus Arisitensis : Le Vigan. D'après les documents cités par eux, ce pays aurait été longtemps désigné d'abord par les deux noms, dont on n'aurait conservé plus tard que celui de *Vicanus*. Saint Grégoire de Tours dit lui-même *Arisitensem vicum*.

L'étymologie venant à notre aide, Arisitum serait composé de Arre, rivière qui baigne le Vigan, et Isis source qui alimente cette ville d'eau potable, ce qui est très plausible.

Quoiqu'il en soit, Déothaire avant d'être évêque de Metz fut sur le siège d'Arisitum vers 575, Emmon de 625 à 630 ; il souscrivit vers cette époque au concile de Reims. Mommole en fut évêque (660 à 670), époque de la première fondation du monastère de Nant.

IV

PREMIÈRE FONDATION D'UN MONASTÈRE A NANT

Au commencement du VIIe siècle, l'Aquitaine était gouvernée par un chrétien nommé Sérénus, qui avait deux enfants. Amantia sa fille avait épousé Amand duc de Gascogne et oncle de Gisèle femme du roi Caribert qui, fils de Clotaire II, fut roi de Toulouse (628-651). D'après le livre de paroisse de Nant (1), « son fils Amand après » avoir embrassé la vie religieuse et reçu les » ordres, prêcha la foi aux Gascons d'abord » (*His ita peractis*), puis alla annoncer la parole » de Dieu dans le Nord où il fut élevé sur le » siège épiscopal de Tongres sur la Moselle, » *Trajectensis ad Mosam*.

---

(1) Le livre de paroisse a été inauguré par M. Bascle, qui fut curé de Nant (1819 à 1851).

NANT — Vue générale, côté de l'Estrade

» Dans l'*Histoire du Languedoc*, Amand est
» appelé l'apôtre des Flandres. Cet évêque mis-
» sionnaire siéga trois ans dans sa ville épisco-
» pale, mais voulant revenir dans son pays et
» y vivre dans la solitude du cloître, il pria le
» Pape d'accepter sa démission et de lui en-
» voyer un successeur. Alors l'ancien évêque
» de Tongres, ou Maëstrich, reprit le cours de
» ses missions et ce fut vers 660 qu'Amand
» quitta le Nord pour revenir dans le Midi.

» Durant ce voyage, le saint homme de Dieu
» se rendit à la cour d'Austrasie pour y trou-
» ver le roi Childéric II et le prier humble-
» ment de daigner lui faire don d'un lieu où
» il pourrait construire un monastère (1) ».

Le roi, accédant à sa demande, lui donna un lieu appelé Nant, et là l'homme de Dieu, Amand se mit en devoir d'y construire un abri pour ses moines.

Pourquoi le roi Childéric avait-il choisi Nant de préférence à tout autre lieu ? Il est très probable qu'il le connaissait déjà personnellement lui-même, car nous avons vu plus haut quels étaient les liens qui unissaient le roi à ses grand'tantes Deutherie épouse de Tonnance Ferréol, et Blitilde épouse d'Amsbert et mère de Mondéric évêque d'Arisitum.

---

(1) *Gall. christ.* éd. 1716, p. 283 « Nantum ».

Mais l'évêque Mummole, successeur médiat de ce dernier sur le siège, revendiquant Nant pour sa propriété, soit comme dépendant de sa juridiction épiscopale, soit comme bénéficiaire des biens de Mondéric, voulut s'opposer à cette donation et chercha même à faire périr saint Amand (1).

Ce dernier, fort de son titre récent et peut-être aussi de l'appui efficace du roi, contre les satellites de Mummole qui voulait le tuer, eut gain de cause, et resta à Nant.

C'est au Trianciavicum, appelé plus tard Saint-Martin du Vican, nom qu'entre parenthèse nous rapprocherons de Vicanus Arisitensis, justifiant peut-être ainsi les prétentions de l'évêque Mummole sur ce pays, que saint Amand jeta les premiers fondements de son monastère.

Aucun document, il est vrai, aucun texte ne nous autorise à l'affirmer, mais comme plus tard au xe siècle, c'est là que fut élevée la splendide chapelle de style roman que nous admirons encore aujourd'hui, nous pouvons en conclure que ce fut sur l'emplacement et les

---

(1) *Gall. ch.* : « In vitâ sancti Amandi episcopi Trajectensis ad Mosam, auctore Baudemundo Elnonensi, monacho, æquali (t. II, actorum SS. ordinis Bened.) memoratur Mummolus Ozindis urbis antistes qui eidem B. Amando monasterium construere molienti mortem intentavit, missio qui illum occiderent satellitibus. »

vestiges de l'antique cella bâtie par saint Amand (1).

Voilà donc nos moines installés chez nous vers la fin du viie siècle.

C'est à cette époque que nous devons placer leurs premiers travaux d'assèchement d'une partie de notre jolie vallée, car nous savons, par la tradition, que ce sont les moines qui opérèrent ce travail. Partageant leur temps entre la

---

(1) *Gallia christiana*, éd. 1716, p. 283 : « Nantum
» Sancti Petri de Nanto monasterium Sancti Bene-
» dicti olim abbatiæ Vabrensi subjectum, postea
» Massiliensi sancti Victoris conditur, ut nonnullis
» placet à sancto Amando Trajectensi episcopo, tunc
» in Aquitaniâ, degente anno circiter 679 juxta illa
» verba vitæ sancti episcopi, ejus discipulo abbati
» Blandinenso cap. VI (ex XI codicibus mss.)
» His ita peractis, idem vir Domini Amandus in
» fines remeavit Francorum elegit que sibi locum
» prædicationis aptum, in quo cum fratribus, qui
» cum eo per diversas provincias, multas pro no-
» mine Christi perpessi fuerant passiones ædifica-
» vit cænobium. Atque ex eisdem fratribus plures
» postèa abbates seu honorificos vidimus viros.
» Eodem fere tempore vir sanctus Domini A. (Aman-
» dus) Childericum adiit regem, eumque humiliter
» postulavit, quatenus, ei aliquod mancipium ad
» construendum monasterium, non ambitionis grâ-
» tiâ sed ob animarum salutem, largiri dignaretur.
» Dedit que præfatus rex ei locum nuncupatum
» *Nanto*, in quo vir Domini sagaci intentione cæpit
» ædificare cænobium. »

Tel est le document le plus ancien que nous ayons et dans lequel se trouve le mot *Nant* qui en langue celtique signifie : endroit marécageux.

Devant son imprécision géographique et la pluralité des lieux qui pouvaient porter ce nom à l'é-

prière et le travail des champs, ces champions de l'agriculture ne faillirent point à leur mission dans notre pays ; les traces de leurs travaux sont et resteront longtemps visibles.

A l'issue de la vallée Nantaise, au lieu dit les Prades, entre le cône du Puech Raynal, côté du Roc Nantais, et le plateau du Larzac couronné par les roches des Cungs, commence la fameuse gorge de la Dourbie, immense ravin par où

---

poque où saint Amand vivait, le champ est libre pour toutes les hypothèses. Dom Vaissette a placé Nant non loin de Vabres dans le Rouergue.

Voulant le corriger, l'annotateur Molinier (édit. Privat, page 709) dit : « Le monastère construit par
» saint Amand, au lieu de Nant, n'est pas celui
» qu'indique dom Vaissette. En effet, la vie de ce
» saint, du reste authentique... ne dit pas que cette
» abbaye fut dans le Rouergue... Au contraire, les
» suites du récit prouvent, qu'à ce moment, ce
» saint venait de retourner dans le nord de la
» Gaule. »

Reprenons à notre tour le récit et traduisons-le : *His ita peractis*, c'est-à-dire, sa mission en Gascogne terminée, Amand retourna dans le nord *in fines remeant francorum*. Il choisit pour lui et ses compagnons un pays à évangéliser et où, après beaucoup de tribulations, il construisit un monastère, qui fut plus tard une pépinière d'abbés et hommes illustres. *Eodem fere tempore*, peu de temps après, (trois ans, dit le livre de paroisse), le saint homme de Dieu alla trouver le roi Childéric, etc., qui lui donna un lieu appelé *Nant* pour y vivre dans la solitude, *in quo cœpit œdificare cœnobium*.

Il ressort de cette traduction : que saint Amand, pour une raison quelconque, quitta son premier monastère ; qu'il passa à la cour du roi Childéric,

sont passés, corrodant les roches plus dures, tous les matériaux charriés et enlevés par les eaux lors de la formation primitive des ravins et des vallées.

Là, une cause naturelle ignorée, un tremblement de terre, peut-être, avait détaché de la masse, du côté des Cungs, comme un immense éboulement de roches dont quelques-unes sont

---

pour lui demander de lui faire don d'un endroit où il pourrait en construire un second et que le roi lui donna un lieu appelé *Nant*.

De ce que, Baudemont, disciple et hagiographe de saint Amand, ne spécifie point ce Nant, s'en suit-il qu'il ne pouvait être en Rouergue ? Pourquoi cette exclusion ? Nant en Rouergue ne faisait-il point partie du royaume des Francs à cette époque ? Si. Les Visigoths dans leur seconde invasion en 512 s'étant emparés du Rouergue en partie, ne purent se rendre maîtres du Larzac, qui resta aux mains des Francs. Thiéry, heureux d'être agréable à la famille des Ferréol, qui ainsi que nous l'avons vu, habitait l'ancien château de Trévidon (Cantobre), sur le Trévezels, avait dans le but de s'attacher cette puissante famille consenti à former le diocèse d'Arisitum, dont Déothaire, de la famille de Ferréol avait été probablement évêque avant de monter sur le siège de Metz.

Ne sait-on pas que Mondéric son neveu, était par Amsbert son père, petit-fils de Tonnance Ferréol et Blitilde fille de Clotaire Ier ; et que évêque d'Arisitum il dépendait de Déothaire son oncle, alors évêque de Metz, après Aigulfe.

N'avons-nous pas le droit d'affirmer que d'après ces relations Nant en Rouergue, voisin du Trévezels, situé peut-être au centre du diocèse d'Arisitum, n'était pas inconnu à la cour du roi Childéric.

A défaut de preuves écrites et plus probantes,

encore disséminées dans les vignes et les champs mais dont une grande partie entraînée dans le lit de la rivière avait formé barrage, refoulant les eaux de la Dourbie sur toute l'étendue des prades et formant lac.

Admirons ces vaillants pionniers de la civilisation et de l'agriculture à l'œuvre, quittant leurs cellules et donnant le premier coup du pic dans la montagne.

On voit encore nettement sectionnée la tranchée qui fut pratiquée par leurs soins au-dessus

---

toutes ces relations ne militent-elles pas en faveur de l'opinion de dom Vaissette ?

Baudemont a parlé de Nant, objet de la donation de Childéric, comme si tout le monde connaissait ce lieu, comme nous le faisons encore dans nos relations quotidiennes ; son but n'était pas, certes, de donner quinze cents ans plus tard une pâture à la critique historique, mais de retracer à ses contemporains les vertus et les mérites de son saint compagnon.

D'après un acte de 1747 que nous citons plus bas, il ressort qu'il y avait autrefois à Nant, auprès du Vican, dont il n'était séparé que par le Durzon, un lieu appelé la petite Hierle. Ne doit-on voir dans le rapprochement de ces deux noms ou de ces deux lieux qu'une simple coïncidence ? Ne nous rappellerait-il pas au contraire que le propriétaire de ce lieu par la dénomination de la petite Hierle avait voulu rémémorer la grande Hierle, la terra Erisdii, située près du Vigan, siège d'Arisitum d'après certains historiens ? Ainsi s'expliquerait la conduite de l'Evêque Mummole vis-à-vis de saint Amand, qu'il cherchait à faire périr à cause des empiètements sur sa propriété du *Trianciavicum*, plus tard *de Vicano*.

du valat (*del sen sacramen*) sur plus de cinquante mètres de longueur.

Cependant on peut expliquer l'éboulement qui se trouve contigu à cette tranchée et en est comme la suite, par une de ces cassures qui se produisent parfois dans les terrains calcaires sous une poussée quelconque, comme aussi par les érosions de la Dourbie qui, encore de nos jours, refoulées par un brusque tournant, corrodent les marnes sur lesquelles repose le Puech Raynal et font disparaître des prairies que nous avons vues fertiles.

Combien de temps mirent les moines pour opérer ce travail ? Mystère ! Toujours est-il que si le nom de ces modestes ouvriers n'a point été gravé sur la paroi bienfaisante, le temps, éternel fossoyeur des hommes et des choses, n'a pas enseveli dans l'oubli leur œuvre, désignée encore de nos jours du nom de *saout des mourgués*, chute des moines.

Quel est donc le Nantais qui refuserait de s'unir à nous pour adresser un souvenir reconnaissant à ces modestes inconnus qui ont fait de notre pays le jardin de l'Aveyron, n'ayant pour tout instrument que le pic et la Croix, cette éternelle persécutée ?

Il y avait à peine soixante ans que les moines sous la conduite de saint Amand avaient apporté la vie et la fertilité dans la vallée Nantaise quand les Sarrasins envahirent la France, dévastant partout les églises, les monastères et les mettant en ruines.

Maîtres d'une partie de notre pays, ils s'y cantonnaient dans plusieurs places fortifiées. En 725 ils avaient ravagé Rodez ; Conques en 730. Descendant la vallée de l'Aveyron du côté de Villefranche, ils avaient établi leur repaire dans un lieu presque inaccessible, à Morlhon (Maurorum locus), et de là, ne vivant que de pillage, ils portaient la terreur dans toute la région. Une bande de ces barbares détachée de cet endroit vint sur le Larzac près de la Cavalerie en un lieu appelé Castel-Sarrasin, au bois de la Motte. Leurs incursions rayonnèrent partout, et Nant ne fut point épargné.

Ne voyez-vous pas ces hommes hirsutes, au teint basané descendant la côte de Vallislonga, et venant se désaltérer non pas dans les eaux fraîches et limpides du Durzon, mais dans le sang de ces moines paisibles et sans défense ?

Tout fut, comme partout, pillé et saccagé ; rien ne résista à leur fureur. L'incendie fit son œuvre et un silence de mort régna dans la vallée. C'était vers 730.

V

DEUXIÈME FONDATION DU MONASTÈRE

Les Sarrasins, après leurs incursions dévastatrices dans le midi de la France, tantôt vaincus, tantôt vainqueurs, voyaient cependant leur puissance décliner peu à peu. Charles Martel leur avait porté un coup formidable en 732 à Poitiers : Charlemagne les avait traqués dans le nord de l'Espagne où mourut Roland son paladin ; Guilhaume (de Gellone) comte de Toulouse et duc d'Aquitaine, après avoir échoué en 793 à Villedaigne près Carcassonne, reprit l'offensive en 797 et acheva de délivrer la Septimanie de leurs bandes en pénétrant jusqu'à Barcelone dont il s'empara vers 801.

La croix était enfin victorieuse et le croissant vaincu. C'était vers le commencement de 926. Un cri de joie et d'allégresse retentit dans la vallée de Nant, le monastère allait renaître de ses cendres, ainsi en avaient décidé Bernard vicomte de Rouergue et Udalgarde son épouse. Celle-ci était fille de Fredelon comte de Rouergue et Toulouse. Ode était le nom de sa mère.

Voici l'acte de fondation de ce seigneur, possesseur dans toute la région de vastes domaines qu'il tenait en partie des conquêtes faites sur les Sarrasins (1).

---

(1) Coll. de Doat. arch. de Vabres, bibl. nat. « Si
» rerum nostrarum donaria locis sanctis conferi-
» mus, dubium non est æternæ nos vitæ præ-
» mium adempturos. Idcirco, in Christi nomine
» Ego Bernardus et uxor meâ Udalgarda pertimes-
» centes diem mortis... locum cui vocabulum est
» Waber qui est situs in pago Ruthenico in minis-
» terio Curiense... eligimus prout voluimus humili-
» ter ex rebus honorare, quæ nobis ab origine pa-
» rentum seu ex conquesto advenerunt seu ex re-
» bus paternis : ideo que cedimus loco prenomi-
» nato res proprietatis nostræ pro remedium ani-
» mæ nostræ, vel pro remedium genitore meo Ra-
» dulfo et genitrice meâ Rotlinde, Guigone, Mad-
» mulfo, Bernardo, Gonduino item Bernardi Elradi,
» vel Fredelone abba et Mancio præposito et pro
» cunctis amicis vel fidelibus nostris, vel pro re-
» medium genitore meo Fredelone et genetrici meâ
» Odanâ et Benigno presbytero, ut quorum fuit
» communis amor sit et elemosyna communis, Eas
» nempe res quæ sitæ sicut in pago Rutenico in
» ministerio Nantense, hoc est ecclesia quæ est fun-
» data in honore sancti Petri in villa Trianciavico
» quæ vocant Nante, ubi aspiciuntur villæ quorum
» vocabula sunt, Molinis, Ambolo, Carisico, Ma-
» liaco, Caucenello, Abrigas, Mazello, Spinacioso,
» in integrum cedimus adjam dicto venerabili
» loco sacrisque pignoribus ibidem humatis, nec
» non et Fredeloni abba, qui custos loci fratribus
» Deo monasticâ normâ militantium præesse vide

« Si nous faisons donation de nos biens à des
» lieux saints, nul doute que nous n'obtenions
» en récompense la vie éternelle. C'est pour-
» quoi, au nom du Christ, moi Bernard et Udal-
» garde mon épouse, redoutant le jour de la
» mort, choisissons le lieu de Vabres situé dans
» le diocèse de Rodez vicairie de Curie (Saint-
» Affrique) et voulons l'honorer humblement
» des biens que nos parents tenaient de la con-
» quête, soit de l'origine paternelle. C'est pour-
» quoi nous les cédons au lieu susdit ; comme
» remède à notre âme, à celle de mon père Radul-
» phe et de Rotlinde ma mère ; à celles de Gui-
» gon, Madmulfe, Bernard, Gonduinus ; à celles
» aussi de Bernard Elrade, de Fredelon abbé et
» Mancius prieur, et pour tous nos amis et nos
» fidèles, nous les donnons aussi pour la rémis-
» sion de mon père Fredelon, ma mère Ode et
» Benigne prêtre, afin que de même que leur
» amour fut commun, l'aumône le soit aussi. Ces
» biens sont situés dans le diocèse de Rodez et
» dans la viguerie de Nant et sont compris dans
» le village de la Mouline, Ambouls, Cazic, Mail-

» tur, ad monasterium constuendum in honore
» sancti Petri urbis Remæ. Facta cessione istá III
» idus Februarii, anno trigesimo octavo regnante
» Carolo rege. » Dans le texte on lit « Triancia-
nico » ; comme il n'est pas rare de voir dans les
actes anciens le *v* formé soit comme un *u* soit
comme un *n*, il faut lire « Trianciavico » qui donne
un sens : Bourg triangulaire.

» lac, Le Caussanel, Abrigas, le Mazel, Spinas-
» sous, nous les cédons au lieu vénérable susdit,
» aux restes sacrées qui y sont inhumées et aussi
» à Fredelon abbé gardien de ce lieu donnant à
» ses frères en Dieu l'exemple de la règle monas-
» tique, afin d'y construire un monastère en
» l'honneur de saint Pierre de la ville de Rome...

» Cette donation a été faite le trois des ides
» de février, la trente-huitième année du règne
» du roi Charles. »

L'acte de donation (1) de Bernard et Udal-

---

(1) Bosc, de Gaujal et d'autres après eux, font remonter cette fondation à 878 : c'est une erreur et nous adopterons la thèse des commentateurs de l'histoire du Languedoc, qui donnent la date de 926.

Quel était, en effet le roi Charles ? Ce ne peut être Charles le Chauve qui ne régna que 34 ans, de 843 à 877.

Charles le Simple monta sur le trône avec Eudes en 893. Quoique détrôné en 922 et enfermé à Péronne par le duc de Vermandois, il fut toujours considéré comme roi par les seigneurs et les grands d'Aquitaine qui ne reconnurent Raoul comme roi, quoique couronné en 923, qu'après la mort de Charles le Simple en 926, cela résulte de la collection de Doat : folio 42-43 931 anno secundo quo Rodolphus (Raoul) rex fuit ; folio 44-45 952-33 anno tertio regnante Rodulfo rege, etc.

D'ailleurs l'abbé Fredelon, bénéficiaire de la donation de Bernard et Udalgarde était abbé de Vabres à cette époque ; cela ressort d'une donation que lui fit sa mère Sénégonde en 916. Il conserva la mître abbatiale au moins jusqu'en 936, d'après plusieurs actes de ce temps relatant des donations ou échanges entre lui et Ermengaud, comte du Rouergue, et Adelaïde sa femme.

garde nous apprend donc que la vallée nantaise était alors appelée Trianciavicus, bourg triangulaire à trois voies, probablement à cause de sa configuration ; elle forme, en effet, comme une étoile à trois pointes dont le centre est occupé par la ville, deux sont formées par l'amont et l'aval de la Dourbie, la troisième par la vallée du Durzon.

Nous y voyons encore qu'une église y existait alors sous le vocable de saint Pierre.

Avait-elle été bâtie par saint Amand ? Nous ne saurions l'affirmer. Il est certain qu'après l'expulsion des Sarrasins de nos contrées, la population de Nant et des villages voisins n'était pas restée sans secours religieux et qu'il y avait une église à cette époque à Nant dédiée à saint Pierre. Avait-elle été construite sur un temple païen comme en beaucoup d'endroits ? Cela paraît admissible.

Quoiqu'il en soit, comme un essaim d'abeilles quittant leur ruche trop étroite, une nouvelle colonie de moines bénédictins vint du monastère de Vabres apporter une deuxième fois dans notre vallon la vie par le travail et la paix selon la volonté des pieux donateurs.

Leur premier soin fut d'élever à Dieu un oratoire. Bati en tuf appareillé et encore très bien conservé, cet édifice de style roman le plus pur, était orienté et n'avait qu'une abside. Son extérieur est orné de six colonnes sur soubassement régnant tout autour, dont les chapiteaux reliés par des archivoltes à plein cintre supportent un entablement avec corniche sculptée. Trois petites baies oblongues où sont incrustées deux colonnettes caractéristiques laissaient pénétrer une lumière mystérieuse dans la petite abside. La patine du temps a déposé une teinte dorée du plus bel effet sur ce tuf, qu'ont respecté les mousses et les lichens, ce que n'a pas toujours fait la reconnaissance de l'homme (1).

Depuis la première moitié du xe siècle jusqu'en 1830, environ la petite voûte de Saint-Martin du Vican retentit du chant d'allégresse des moines, d'abord ; plus tard agrandie et servant de paroisse aux villages voisins, les chants de reconnaissance du peuple s'y mêlèrent aux murmures des eaux du Durzon.

Cette rivière ne s'était point encore creusé de lit stable dans la plaine : ses eaux, livrées à leur caprice et à ceux des torrents, n'avaient point

---

(1) Cet oratoire sert aujourd'hui de grange et appartient à M. l'abbé Sauveplane. Il nous est permis d'espérer que M. le Curé de Levallois-Perret, dont on connaît l'amour du beau et le sens esthétique, fera trêve à ses études assyriologiques pour explorer à fond l'ancien Vican, et que, dans un délai plus ou moins long, il délivrera de la servitude dans laquelle il gémit depuis bientôt un siècle ce bijou d'architecture romane dont le sol et les murs recèlent tant de secrets.

d'issue facile vers la Dourbie ; elles étaient stagnantes et marécageuses. Un nouveau travail d'assèchement était nécessaire, et voilà nos Bénédictins armés de rechef du pic et de la pelle, fouillant le sol tuffeux, établissant un barrage aux Pradettes et canalisant le Durzon dont ils règlent le cours des eaux, les distribuant selon les besoins.

C'est ainsi qu'ils transformèrent en prairies fertiles, des terrains où n'avaient poussé jusqu'alors que prêles et ajoncs. Plus tard, captées en un ruisseau collecteur, les eaux allèrent actionner un moulin qui devint la Providence de la région.

Les moines à cette époque excellaient dans ces sortes de travaux : assainissement des marécages, creusement de canaux, constructions de chaussées et barrages et établissement de moulins. La culture de la vigne et des plantes potagères était aussi l'objet de leurs soins, cela résulte de plusieurs chartes : « Quæ largiendæ
» erunt cum vineis, ortis, terris cultis et incultis
» aquis aquarum ve decursibus, paxeriis, mo-
» lendinis ». (Charte. de Pépin 767.) Hæc enim
» omnia cum casis, vineis, pratis, silvis, molen-
» dinis et adjacentis, fondation du monastère
» de Vabres. » (Bosc, 423.)

Que notre souvenir reconnaissant se repose sur ces laborieux inconnus qui creusèrent à

Nant ce beau canal des Vernèdes dont les mille ruisselets, semblables à des artérioles, portent partout la fraîcheur et la fertilité.

La petite colonie bénédictine grandissait de jour en jour ouvrant ses portes à ceux qui voulaient accepter le joug monacal et porter la robe de bure. Sa situation devenait prospère et florissante, grâce à la générosité et à la protection de familles riches et puissantes de la région.

En 961, Raymond II, comte de Rouergue et de Toulouse, comprit le prieuré de Nant dans les dons de domaine qu'il fit par testament (1). L'objet de la donation n'est point spécifié. C'était un bénéfice dont jouissait alors Bernard de Nant, un des premiers prieurs du monastère. Il est fort probable que cet alleu que Raymond II avait acquis de Pons (frère de saint Fulcran, à notre avis) était situé à la Liquisse. On verra plus bas que les moines de Nant y possédaient

---

(1) Voici, en ce qui concerne Nant, le libellé de la donation de Raimond II : « In nomine Domini breve
» codicillo quod fecit Raymundus comes pro re-
» medium animæ suæ et pro genitore suo et pro
» genitrice suâ et pro omnibus fidelibus suis. In
» primis ad illo cænobio de Conquas..... Illo alode
» de illa Rocheta quod de Poncione acquisivi Sancti
» Salvatoris Vabrensis remaneat, et de alio alode
» quod de Poncione acquisivi quod Bernardus de
» Nante habet à feo Sancti Salvatoris ad ipso cæno-
» bio remaneat. »

Château d'ALGUES

un château avec deux tours et autres terrains (Cadastre 1665).

Le 4 février 988, saint Fulcran, évêque de Lodève, fit aussi par testament au prieuré de Saint-Pierre de Nant des donations importantes. « Et dans le diocèse de Nîmes, dit-il, je donne
» au monastère Saint-Pierre de Nant dans le
» village qu'on appelle Cassaratis et dans le
» village qu'on appelle Valle Luposa tout ce
» qui m'est advenu de mon cousin (consobri-
» nus) Bernard avec ma partie du château
» qu'on appelle Roquefeuil ; et dans le village
» qu'on appelle Mas l'alleu qui m'est échu de
» ce même Bernard, si Adaloa ne veut pas tenir
» la convention faite. »

Dans la *Gallia christiana* en marge, mention est aussi faite d'une donation au village des Hers, paroisse de Saint-Sauveur du Larzac.

Pour identifier le territoire de Cassaratis, nous dirons que c'était très probablement le tènement du Rat et de Dourbias où les moines possédaient des châtaigneraies, lequel est situé de l'autre côté de la montagne où se trouve Caziris, Casic (1).

---

(1) D'après nous, le nom de *Cassanas* encore porté par plusieurs familles de Dourbias, hameau de 5 à 6 maisons, dériverait de l'ancien nom de *Cassaratis*. Nous verrons plus bas que, en 1499, le nom de Fabrio avait été donné au village du Fraissinet à

La Valle Luposa, Vallée des Loups, ne saurait être autre chose que la Vallée de Vebrenque, dont le ruisseau limite les communaux de Saint-Michel, et dont une autre partie fut plus tard laissée en pacage aux habitants de ce village par la famille de Roquefeuil. D'après encore le cadastre 1665, les moines de Nant possédaient dans cette région des bois impraticables, tel que le *bois du Roy* jusqu'à la Beaurette.

Cette région avait été ainsi désignée parce que de tout temps elle fut infestée de loups. Nos grands-pères en ont souvent rencontré ; le dernier type de ces carnassiers, une louve, fut tuée à Algues après avoir fait trois victimes qui moururent de la rage, en 1865.

Le château de Roquefeuil dont saint Fulcran était copropriétaire et qu'il léguait aux moines de Nant était le château qui dresse encore une partie de ses murs délabrés sur le pic d'Algues.

Cette donation du saint évêque de Lodève ne serait-elle pas un témoignage de reconnaissance ? Ne nous permet-elle pas de conjecturer que le jeune Fulcran, né peut-être à Algues même, foulant notre sol et parcourant nos che-

---

cause des nombreuses familles du nom de Fabre qui existaient à cette époque dans le village.

mins a pu quitter quelquefois le vieux manoir pour venir s'asseoir auprès de camarades moins fortunés que lui et recevoir auprès des bons moines sa première instruction religieuse et sa première initiation aux lettres profanes ; car les monastères étaient alors en pleine floraison littéraire et le centre de la civilisation et de la science.

Le cartulaire du monastère de Gellone porte (page 17) le testament de l'abbé Géraldus avec la liste de ses nombreuses possessions parmi lesquelles : « in vicariâ. Nantense, villa quæ vocant Paul circa 1005 ». Ce qui laisserait supposer que Nant à cette époque était le chef-lieu d'une viguerie.

En 1082, Pons d'Etienne, évêque de Rodez, à son retour de Rome où il avait assisté, l'année précédente, au conseil tenu par Grégoire VII, soumet à l'abbaye de Saint-Victor de Marseille un grand nombre d'églises de son diocèse, le monastère de Vabres et ceux qui lui appartenaient : Nant, Ferret, Saint-Sever etc., probablement à cause du relâchement qui s'était introduit à cette époque dans le clergé et les monastères : mais les moines de Nant qui ne voulaient point de cette tutelle refusèrent de courber la tête sous la crosse de l'abbé de Saint-Victor de Marseille et firent appel au pape. Le procès fut long et pénible car ce ne fut qu'en 1116, 24 ans après, que Paschal II déclara par bulle adressée à R. Guillaume, prieur de Nant, que conformément à l'intention de Bernard son fondateur, son monastère devait relever de celui de Vabres (1).

D'après une bulle du même pape adressée à André, abbé de Vabres, lui confirmant les diverses donations et concessions faites antérieurement à son monastère, il résulte qu'à cette époque, les moines de Nant desservaient un certain nombre d'églises situées aux alentours,

---

(1) « Ad R. Guillelmum præpositum Nantensem
» de subjectione Nantensis monasterii ad Vabren-
» sem.
   » Anno 1116, april. 16 (*Gal. ch.*, I, 61.)
   » Paschalis episcopus servus servorum Dei, Di-
» lecto filio R. Guillelmo præposito Nantensi, sa-
» lutem et apostolicam benedictionem.
   » Ex illius boni viri Bernardi monumentis ac-
» cepimus, quod Nantensis ecclesia pro voto et
» oblatione ejusdem Bernardi in monasterium cons-
» tituta sit, et Vabrensi monasterii dispositioni et
» ordinationi concessa. Ex communi itaque fra-
» trum nostrorum consilio adjudicatum est ecclesia
» Nantensis Vabrensis abbatis sub esse debeat dis-
» positioni, quatenùs prædicti boni viri Bernardi
» votum et oblatio integra permaneat et ordo ibi-
» dem monasticus per Dei gratiam illius sollicitu-
» dine perseveret, Monachi quoque ejusdem mo-
» nasterii ut proprio abbati obedire debeant Repe-
» titis igitur litteris vos obedire Vabrensis abbati
» et subesse præcepimus, alioquin sicut aliis lit-
» teris statum est à divinis vos officis interdictos,
» usque ad satisfactionem manere præcepimus.
   » Datum Albæ, idibus aprilis. » (Migne, vol. 143, p. 405.) Due à l'obligeance de M. le ch. V. Bouat.

et que sur les revenus de ces églises dont l'abbé de Vabres avait la jouissance ce dernier devait prélever chaque année dix sols, destinés au St-Siège (1).

Aucun catalogue ne nous renseigne sur la population monacale d'alors, mais en prenant comme terme de comparaison celle d'autres abbayes ou monastères, ne pourrions-nous fixer approximativement le nombre de religieux dans celui de Nant au xie siècle ?

Bosc dit, en parlant de Conques, « qu'il y avait
» deux cents, trois cents et quelquefois jusqu'à
» neuf cents moines dont certains étaient prêtres
» mais la plupart laïques. De ce nombre étaient
» plusieurs enfants à qui les parents faisaient
» embrasser l'état monastique dès l'âge le plus
» tendre ; les grands seigneurs étaient dans cet
» usage. Parmi ces moines on voyait de temps
» en temps quelque seigneur riche et puissant
» qui soit pour parvenir à l'épiscopat soit pour
» des motifs plus chrétiens, donnait tous ses
» biens au monastère et entrait lui-même en
» religion avec plusieurs de ses domestiques. »

Cette citation ne nous permet-elle pas de dire

---

(1) « Cum cella sancti Petri de Nanto cum omni-
» bus ecclesiis et pertinentiis suis, salvo censu so-
» lidorum quod secundum fundatoris institutionem
» per singulos annos Lateranensi palatio à Wa-
» brensi abbate persolvendum est. »

que vint une époque où le nombre de personnes qu'abritait le monastère de Nant soit comme prêtres, clercs, enfants et laïques pouvait s'élever peut-être à près de cent, et que, trop à l'étroit au Vican, ils se bâtirent un cloître plus spacieux et une église plus vaste ?

L'emplacement fut choisi au milieu même de la vallée. Là, l'espace était grand et les matériaux propices, le tuf étant peu profond sous le sol.

Les dimensions du monastère avec toutes ses dépendances furent larges et en rapport avec le nombre de personnes qu'il devait abriter. Nous ne connaissons aujourd'hui que l'emplacement du château abbatial dont il ne reste qu'une tour et une partie englobée dans l'habitation qui sert actuellement à l'exploitation du domaine et de l'abbaye.

Les cours du monastère existent encore ; elles ont été converties en place publique désignée sous le nom de Cloître « les clastres », formant deux parties, l'une attenante à l'église abbatiale et l'autre contiguë à l'habitation seigneuriale, et mesurant ensemble plus de soixante mètres de longueur.

Le réfectoire était bâti sur le jardin actuel du domaine, les fondements sont peu profonds dans le sol ; une partie de cette construction existant jusqu'à la Révolution fut démolie menaçant ruine (Délib. mun.) Dans les constructions étaient comprises les cellules particulières et les salles multiples nécessitées pour l'accomplissement des diverses fonctions, celles de l'étude et du travail manuel ; il y avait, en outre, des prisons monacales et des dortoirs pour le repos pris en commun.

Dans une bulle du pape Jules III (1559) qui fut longtemps conservée dans l'abbaye, il était dit : Que jusqu'à son temps, on avait conservé dans ce monastère, l'abstinence de la viande, les jeûnes réguliers, les veilles de la nuit, les chemises de serge, le dortoir et le réfectoire communs, etc.

Ces constructions partaient du cimetière qui contournait les trois absides de l'Eglise et descendaient, en ligne droite jusqu'au château abbatial flanqué de deux tours. Les bâtiments réservés aux écuries et à l'exploitation agricole contournaient l'aire sol qui sert encore de nos jours.

La grande plaine qui avoisinait le monastère et où on avait accès par le portail solaire leur appartenait, et c'est là que pendant plusieurs siècles ces hommes vêtus de bure, la souquenille et le sarrau aux reins ont subi sous le murmure de la prière le châtiment imposé à l'homme : Tu mangeras ton pain à la sueur de ton front. Se divisant par bandes, les religieux agricoles travaillaient pour eux, mais aussi pour leurs frères pauvres, les besogneux, les déshérités qui, venus se grouper autour d'eux, formaient la population de Nant grandissant.

VI

CONSTRUCTION DE L'ÉGLISE ACTUELLE

Les idées religieuses étaient à cette époque en pleine efflorescence. Le récit de l'invasion sarrasine, des persécutions de ces hordes barbares, de leurs déprédations dans le Midi de la France se transmettant de père en fils, de famille à famille, avait déterminé peu à peu dans l'esprit des populations, un attachement à la Foi des aïeux, aux croyances et aux pratiques religieuses de plus en plus grandissant.

Nous avons vu que des dons, des legs et fondations pieuses étaient faits aux moines qui à cette époque élevèrent tant de chefs-d'œuvre. C'était dans les monastères que l'on apprenait les lettres et les arts ; c'est là qu'on formait des architectes et des sculpteurs, et il y en avait certainement alors parmi les moines de Nant.

Leur église où règne le galbe byzantin daterait de la fin du XIe siècle. « Elle ressemble, dit

» l'abbé Ravailhe, à une croix parfaite dont la
» tête s'incline sur le bras gauche ; elle a nef,
» bas-côté et coupole : ses voûtes sont à plein
» cintre et ses six piliers carrés sont très lourds :
» ils portent deux colonnettes sur chaque face.
» Les trois hémicycles du chevet rayonnent de
» colonnettes accouplées deux à deux, plus
» longues dans celui du centre, plus courtes
» dans ceux de droite et de gauche. Il est re-
» marquable que tous les murs étant chargés
» de colonnes, on ait peine à en trouver quel-
» ques-unes qui aient la même hauteur. Sur
» les piliers, toutes celles qui regardent l'orient
» et l'occident ont la même taille, partant d'un
» point à hauteur d'homme et montant jusqu'au
» cintre, mais elles sont plus courtes que celles
» qui regardent les bas-côtés lesquelles sont
» encore moins hautes que celles qui soutien-
» nent les voûtes de la nef..... Au reste toutes
» ces colonnes ne présentent pas moins de va-
» riété dans leur diamètre que dans leur éléva-
» tion, et ce qu'il y a de plus singulier, c'est que
» les plus hautes sont plus fines ; la variété,
» l'étrangeté des nombreux chapiteaux sont
» encores plus curieuses que les colonnes. Type
» général, forme de corbeille et tête de bélier,
» mais les corbeilles prennent mille formes
» sous le ciseau de l'artiste. Ici, c'est un réseau
» d'un tissu savant et délicat, qui s'arrondit sur

» des fruits disposés avec art ; là on dirait un
» filet chargé de coquillages, à côté, une énorme
» fougère mâle, sortant d'un roc pour soutenir
» le terrain supérieur, et plus loin une tresse
» fantastique en apparence plus négligée con-
» trastant avec les belles feuilles de fraisier
» qui forment deux chapiteaux opposés. Les fi-
» gures de bêtes ne paraissent qu'au-dessus des
» plus hautes colonnes dans l'intérieur de la
» nef. »

A cette description pleine de poésie, mais cependant très fidèle, nous devons ajouter que les deux chapiteaux supportant le grand cintre de l'abside de droite sont imagés de plusieurs têtes humaines dont le front apparaît ceint d'un bandeau.

Les décorations en forme d'échiquier, qui attestent une époque très ancienne, étant très caractéristiques et très rares dans les constructions du midi de la France y sont aussi à profusion. Le cordon de gauche qui forme la base de la nef principale et qui a près de 18 mètres de longueur jusqu'au transept, est en forme d'échiquier tandis que du côté opposé ce cordon est en forme de boudin creusé par intervalles de vingt centimètres. On y remarque aussi quelques chapiteaux en forme de damier. Ce genre de décoration existe à hauteur d'homme sur tout le pourtour de l'abside du milieu à l'extérieur tandis qu'à l'intérieur le soubassement est terminé par le cordon en forme de boudin servant de corniche aux colonnes.

Seules trois ouvertures de l'abside du milieu n'ont point été remaniées, celle du centre est ornée de deux colonnes avec chapiteaux sculptés ; elles reposent sur le cordon en forme d'échiquier.

Un campanile dont on peut voir le soubassement existait sur la coupole au milieu du transept ; il fut démoli à l'époque de la Révolution, menaçant ruine.

Primitivement la porte de l'église se trouvait à l'endroit où sont actuellement les deux bénitiers ; la partie de l'édifice qui en forme aujourd'hui le tambour supportant les tribunes et le clocher, ne faisait point dès le principe partie de l'église. C'était une forteresse établie sur un porche et qui la flanquait.

Cinq ouvertures romanes y donnaient accès ; deux latérales et trois sur la façade. La décoration ogivale de celle du milieu a été purement appliquée. On distingue très bien au moindre examen les deux rangées de pierres formant primitivement la voute romane sous laquelle on a placé horizontalement des pierres taillées comme fermeture. Cette décoration évidemment postérieure a fait attribuer à tort à toute la construction une date beaucoup plus récente

Eglise de Nant telle qu'elle était primitivement.

Façade de l'église autrefois forteresse avec porche (Nord-Ouest).

Eglise côté des Cloîtres (Sud). Abside orientée Est.

que celle de l'église, alors qu'à notre avis elle en est le complément immédiat.

« Au moyen âge (1) et surtout dans les temps
» plus anciens, l'usage des porches n'était pas
» rare. On en construisait dans l'évidente in-
» tention de ménager un abri aux fidèles et de
» donner un asile aux pauvres et aux pèlerins
» surpris par un orage ou par la nuit. C'étaient,
» en outre, des lieux de réunion où se traitaient
» les affaires publiques et des tribunaux où la
» justice était parfois rendue...... Les porches
» sont désignés par des dénominations différen-
» tes suivant la place où on les rencontre et le
» but dans lequel on les a construits, ceux de
» l'église de Nant rentreraient dans la catégorie
» des porches accidentels dont la cathédrale
» d'Alais offre, dans le midi de la France, un
» exemple curieux. »

On ignore quelles étaient les richesses de cette église.

Avait-elle des tableaux précieux, de magnifiques ornements, des vases sacrés habilement ciselés ? Sans aucun doute, car on verra plus tard, par l'ordonnance de Bérenger en 1333, que la vaisselle d'argent de l'abbé ou autres bénéfi-

---

(1) Espérandieu, dans sa notice sur Saint-Pierre de Nant.

ces sera appliquée à la confection d'ouvrages ou ornements de l'Eglise.

Sur le pourtour de l'abside du milieu et aussi des deux côtés du transept sont des stalles très anciennes dont quelques-unes finement sculptées. Dans le livre de paroisse, M. Bascle, ancien curé, a écrit : « Les moines qui aimaient à mettre
» des emblèmes dans leurs églises n'auraient-
» ils pas voulu transmettre à la postérité l'exis-
» tence d'un étang, la preuve de leurs travaux
» de déssèchement, en faisant placer quantité
» de poissons sculptés, les uns petits, les autres
» fort gros, sur les boiseries de l'église mona-
» cale ? C'est fort probable. J'en ai trouvé plu-
» sieurs qui avaient été détachés de ces boise-
» ries par les révolutionnaires et qui ressem-
» blent parfaitement aux truites que l'on pêche
» dans le Durzon, et il y en a encore trois fort
» gros qui sont placés au bout des stalles des
» anciens moines. »

Ces stalles ont été reculées, elles formaient barrière entre les piliers du chœur sous la coupole. Les gros poissons qui les reliaient aux baldaquins avaient leur queue surmontée d'une crosse abbatiale formant volute, dont une seule existe, les deux autres, dont on voit quelques traces, ont été mutilées. Quelques stalles de l'intérieur de l'abside sont ornées, les unes de grappes de raisin, d'autres de branches d'olivier portant leur fruit. La petite chaire des moines était placée entre les colonnes du chœur. Son antiquité aurait dû la préserver d'un malheureux exode dans la chapelle des Pénitents. Elle est ornée de figures d'anges ailés, et toutes ses moulures sont poussées au ciseau.

Construit spécialement pour le monastère, cet édifice était assez spacieux pour recevoir la population qui formait alors le noyau de Nant.

Les chapelles latérales ne furent construites que plus tard, elles nuisent à la beauté et à l'harmonie de l'édifice : deux sont de style ogival, deux autres sont tout à fait récentes et datent de 1818.

Une porte latérale donnait sur le cloître et c'est par là que les moines avaient accès dans l'église.

La tour octogone qui surmonte les terrasses au-dessus du tambour et des tribunes n'avait pas de flèche, et ce n'est qu'après la Révolution qu'une pyramide recouverte d'ardoise et d'un goût douteux fut élevée avec une partie de l'argent provenant de la vente des moulins banaux. (Arch. munic.)

Tel est le monument que nous ont légué les moines et qui, après neuf cents ans d'existence, a résisté aux morsures des siècles, à la méchanceté et à la bêtise des hommes. Il est classé comme monument historique ; son orientation générale est de l'est à l'ouest. Il a 37 mètres de longueur, 20 mèt. de largeur, 15 de hauteur moyenne.

« Cette église, après celle de Conques, est un des plus beaux spécimens que compte dans le Rouergue l'art roman », a dit M. Espérandieu ; l'on pourrait ajouter « et aussi dans tout le midi de la France ».

VII

ÉRECTION DU MONASTÈRE DE NANT EN ABBAYE

Nous voici arrivés à une époque où quelques documents écrits, sauvés de la destruction et de l'oubli dans lequel ont sombré tant d'autres, viennent jeter quelque lumière sur ces temps si lointains. La *Gallia christiana* et la Collection de Doat vont nous servir de falot (1).

De prieuré, Nant fut érigé en abbaye par le pape Innocent II d'après la bulle (2) que nous

---

(1) *Gallia christ.* : « Ex prioratû ab. Innocentio
» papa II in abbatiam erigitur anno 1135 ut pro-
» bat ejus bulla quam ex archivis monasterii erui-
» mus in instrumentis inserta. Eamdem abbatiam
» Masiliensi sancti Victoris cœnobio subjecit et ab
» episcopi Vabrensi juridictione substravit Urbanus
» papa V pontificatus sui anno quarto. Christi 1366.
» Seriem abbatum ex paucis quæ supersunt monas-
» terii instrumentis et ex aliis eruimus. »

(2) « Bullæ quæ prioratum S. Petri de Nanto ad
» abbatiæ dignitatem evehit, anno 1135.
» Innocentius episcopus servus servorum Dei,

avons trouvée insérée dans les documents aux archives du monastère. Cette abbaye fut soumise à celle de Saint-Victor de Marseille après

---

» dilecto filio Raimondo abbati, monast. B. Petri
» Nantensi ejusque successoribus regulariter substituendis in perpetuum.
　» Apostolicæ sedis nos urget auctoritas religiosas
» personas diligere, et earum loca, præsertim que
» B. Petri viris existunt, sanctæ Rom. eccle. gremio
» confovere, et ut in eis religio augeatur et conservetur paterna affectionum consideratione prospicere. Proinde, dilecti in D. fili, abbas, desiderium tuum quod ad religionis propositum et animarum salutem pertinere monstratur, auctore
» Deo, sine aliquâ dilatione duximus affectui mancipandum, ut videlicet eccl. B. P. Nantensis, qui,
» Deo gratias, tam in temporalibus quem in spiritualibus per tuam industriam plurimum accrevisse, juxta petitionem tuam de prioratù abbatia deinceps statuatur : et ut in futurum inviolabiliter abbatia permaneat, præsenti decreto sancimus. Ipsum itaque ad jus et proprietatem B.
» Petri pertinens, sub apostolicæ sedis tutelâ et protectione suscepimus, et præsentis scripti pagina
» roboramus. Statuentes ut quoscumque possesiones, quæcumque bona idem monasterium in præsentiarum juste et legitime possidet, aut in futurum concessione pontificum, largitione regum vel
» principium, oblatione fidelium, seu alios justis
» modis præstante Domino poterit adipisci, firma
» tibi tuis que successoribus et illibatæ permaneant. In quibus hæc propriis nominibus adnotenda subjunximus. In Nantensi villa ecclesiam
» sancti Stephani, et eccle. sancti Jacobi ; in Larzaco
» eccl. S, Salvatoris, eccl. S. Mariæ de Cuneis, eccl.
» Sti Stephani de Cantobrio, eccl. s. Mariæ Magdelenæ de Lechiciis, eccl. S. Martini de Vicano,
» eccl. S. Michælis de Robiaco, eccl. S. Sepulcri de
» Alguâ, eccl. S. Christophori de Cubertoirato, eccl.
» S. Mariæ de Luc, eccl. S. Mariæ de Celcleras,

avoir été soustraite à la juridiction de l'évêque de Vabre par le pape Urbain V, la quatrième année de son pontificat l'an du Christ 1366.

» eccl. S. Joannis de Brolio. In episcopatu Nemau-
» sensi, eccl. S. Mariæ de Durbiâ, eccl. S. Geraldi
» de Rupefolio, eccl. S. Joannis de Vallegarinta,
» eccl. S. Mariæ de Treve et eccl. S. Petri de Re-
» venti.

» Porro obeunte te nunc ejusdem loci abbate, vel
» tuorum quolibet successorum, nullus inibi quali-
» bet subreptionis astutiâ seu violentiâ præpona-
» tur, nisi quem fratres communi consensu, vel
» fratrum paro consilii sanioris, secundum Dei ti-
» morem et B. Benedicti Regulam, providerint eli-
» gendum. Electus autem à diæcese sano consecre-
» tur episcopo, siquidem catholicus fuerit et ea abs-
» que pravitate et exactione aliquâ voluerit inibire :
» alioquin catholicum quem malueritis adeatis an-
» tistitem, qui nimirum nostra fultus auctoritate
» quod postulatur indulgeat.

» Sepulturam quoque ipsius loci liberam esse
» dicernimus, ut qui se illic sepeliri deliberaverint
» eorum devotioni et extremæ voluntati nisi excom-
» municati fuerint, nullus assistet (l. obsistat) salvâ
» nimirum ecclesiæ justitiâ.

» Nulli ergo episcopo, nulli omnino magnæ par-
» væque personæ facit (l. vacet) præfatum cæno-
» bium tenere perturbare, aut ejus possessiones au-
» ferre, vel ablatas retinere, minuere, aut aliqui-
» bus vexationibus fatigare, sed omnia integre con-
» serventus, tam vestris quam fratrum et paupe-
» rum usibus profuture.

» Ad indicium vero quod idem cænobium B. Pe-
» tri juris existat, duos bizantinos nobis et succes-
» soribus nostris, annis singulis persolveritis. Si
» quâ igitur eis posterum ecclesiastica sæcularive
» persona, hanc nostræ constitutionis paginam
» sciens, contra eam temere venire tentaverit, se-
» cundo tertiove commonita, si non satisfactione
» congrua emandaverit, potestatis honorisque seu

Le curé Bascle écrit dans le livre de paroisse : « J'ai entre les mains un double de la
» copie de la bulle par laquelle Innocent II
» élève le prieuré de Nant à la dignité abbatiale.
» Il paraît que cet acte ne fut expédié qu'en
» 1164 sous le pontificat d'Alexandre III, ou
» du moins il y eut une seconde expédition
» cette année-là. Cette copie est datée de Montpellier et signée du pape Alexandre, de trois
» évêques et de huit cardinaux : le copiste

» dignitate careat et à sacratissimo corpore ac san-
» guine Dei et D. Redemptoris nostri J. Ch. aliena
» fiat, atque in extremo examine districtie altioni
» subjaceat. Cunctis autem eidem loco sua jura
» servantibus sit pax D. N. J. Ch. quatenus et hic
» fructum bonæ actionis percipiant et apud districtum judicem præmia æternæ pacis inveniant.
» Amen.
» Datum Pisis per manus Aymerici. S. Rom. eccl.
» diaconi Cardinalis et cancell. idibus Junii indictione XIII Incarnationis dominicæ anno millesimo centesimo, (trigesimo quinto) pontificatur Domini Innocentii papæ secundi.
» Sig. Ego Innocentius catholicæ ecclesiæ episcopus subcripsi.
» Guillelmus Prænestinus episcopus.
» Guido Tiburtinus episcopus.
» Gerardus presbyter card.
» Litusens id. sancti Joannis et Pauli.
» Lucas, id.
» Antonius.
» Gregorius diaconus SS. Sergii et Pauli.— Chrysogonus..... »

Cette bulle nous a été communiquée par M. le chanoine Bouat.

» n'ayant pas su lire, deux noms de cardinaux
» manquent. Cette pièce, dit-il, est dans les
» archives de la paroisse de Nant (1). »

---

(1) Elle a suivi, hélas ! le chemin de toutes les autres. Sur la prière de M. Bion de Marlavagne, archiviste départemental, M. le curé Dupuy, au lieu d'en donner copie, confia à ce dernier nombre de pièces intéressantes pour servir à une histoire que cet archiviste devait écrire. La mort l'ayant surpris avant qu'il eut accompli son travail, il a été depuis impossible à la fabrique de Nant de rentrer en possession du dépôt confié.

VIII

LISTE DES ABBÉS

1. Raimond I, abbé de Nant. — Nous lisons dans le livre intitulé *Gallia christiana* ceci (1) :

« Dans la bulle du pape Innocent II, en 1135,
» il est fait mention de Raimond I. En 1138, le 3
» des calendes de mars, Raimond accompagne
» Hugues, évêque d'Albi, pour y opérer la re-
» connaissance (ou la translation) du corps de

---

(1) *Gall. christ.* : « Raimundus anno 1135 memora-
» tur in bullâ Innocentii papæ II. Comitatur Ugo-
» nem Albiensem episcopum levantem corpus sancti
» Guillelmi in monasterio Gellonensi anno 1138, ka-
» lendi martii. Anno 1153 dat cum consensû fra-
» trum monasterio Salvanensi et Guiraldo abbati
» quamdam decimam. Ejusdem Raimondi fit men-
» tio anno 1154 in litteris Ugonii Ruthenensium Co-
» mitis, quibus assensû uxoris suæ Ermengardæ
» et filii sui Ugonis cedit cœnobio Gellonensi, ec-
» clesias sancti Saturnini et sancti Juliani de Creys-
» set. »

» saint Guilhaume dans le monastère de Gel-
» lone (Saint-Guilhem du Désert).

» En 1153, après avoir obtenu le consente-
» ment (des moines) ses frères, il donne à l'ab-
» baye de Sylvanès certains subsides (une dîme).
» En 1154, il est encore fait mention du même
» Raimond dans les lettres d'Hugues, comte de
» Rodez, par lesquelles ce dernier, avec le con-
» sentement de son épouse Ermengarde et celui
» de son fils Hugues, donne au monastère de
» Gellone les églises de Saint-Saturnin et de
» Saint-Julien de Creyssels. »

La collection de Doat nous fait connaître cet abbé en ces termes :

« 1º Bulle du pape Innocent II par laquelle
» il érige le prieuré de Saint-Pierre de Nant en
» abbaye, soubs la règle de Sainct-Benoist.

» Il unit en la dite abbaye plusieurs églises
» y exprimées et donne le droit d'élection de
» l'abbé aux religieux et la liberté d'enterrer
» dans leur église tous ceux qui voudront y
» estre enterrés, réserve le droit de l'Eglise ma-
» trice. (Idibus junii indictione 83. Pontifica-
» tûs 6ᵉ).

» 2º Déclaration de Ugo, evesque de Rodès en
» présence de B. de Andusià par plusieurs té-
» moins que R. de Nanto estant à l'extrémité
» avait laissé son corps au monastère de Nant
» pour y estre enterré et lui avait légué plusieurs

» villages en 1178 : un mas del Liquier, le Frais-
» sinet superior et le d'Orsaret.

» Parmi les divers témoins étaient B. Ma-
» lias, P. Bonfils, M. de Rabastens.

» Cette donation reçut l'approbation de Ber-
» nard d'Anduse : « et ego B. de Andusia laudo
» hæc supra dicta integre Nanthensi monas-
» terio. »

Tels sont les documents sur lesquels nous allons nous appuyer pour étudier Raimond, premier abbé de Nant, ainsi que les principaux actes de son administration abbatiale.

Etablissons son identité.

Raimond descendait de Bernard et Udalgarde.

Le fondateur du monastère de Nant était son cinquième aïeul. Son quatrième était Bernard, premier vicomte de Millau.

Son trisaïeul était Bérenger Ier, son bisaïeul Richard Ier, sa bisaïeule Sénégonde de Béziers.

Son grand-père Richard II, sa grand'mère Rixinde de Narbonne et enfin ses père et mère Bérenger II et Adèle de Carlat.

De Gaujal nous le fait connaître en ces termes : Gilbert fils de Bérenger II avait pour frères puinés : Richard, vicomte de Rodez, et Raimond mort sans postérité.

Nous devons ajouter qu'il en eut une au contraire très nombreuse dont les membres se transmirent le nom et le souvenir durant plus de six siècles, l'entourant de respect et de vénération.

Raimond vint au monde vers 1095 à la fin du XIe siècle. Sa mère Adèle de Carlat et de Lodève lui donna probablement le jour à Millau dont son père était alors vicomte. Il est à présumer que devenu adolescent il alla à l'abbaye de Saint-Victor de Marseille que ses oncles Bernard et Richard avaient successivement gouvernée comme abbés, et que là, après y avoir revêtu le froc de Saint-Benoit, s'y être initié aux lettres profanes et sacrées, il y reçut la prêtrise.

A cette époque son oncle Richard, devenu cardinal, plein de zèle pour la réforme des maisons religieuses avait reçu du peuple Urbain II sur les monastères de différents diocèses les mêmes droits qu'il avait lui-même (dit de Gaujal) et nous croyons pouvoir affirmer que ce fut après entente avec le cardinal Richard que Pons d'Etienne, évêque de Rodez, avait, ainsi que nous l'avons vu plus haut, réuni tant de monastères de son diocèse parmi lesquels ceux de Vabres et de Nant à celui de Saint-Victor de Marseille.

Le monastère de Nant était particulièrement cher au cœur du cardinal Richard qui n'ignorait pas l'affection que lui avaient porté Bernard et Udalgarde dont il descendait lui aussi.

Le monastère de Nant était pour ainsi dire comme le monastère de la famille des comtes de Millau, aussi les vues du cardinal étant d'en donner plus tard la direction à son neveu, ce fut lui qui guida ses premiers pas dans la carrière monacale.

Raimond vint à Nant d'abord comme prieur. Le cartulaire de Gellone nous en donne la preuve en mentionnant, p. 357, un don de l'alleu où se trouvait l'église de Saint-Etienne du Larzac « ecclesia sancti Stephani de Larzac » fait par Pierre Guibert (in presentiâ *Raymondi* præpositi Nantensis) en présence de Raymond préposé, prieur de Nant, et autres en 1126, époque de la fondation de l'Hôpital Guibert, aujourd'hui l'Hospitalet (1).

Raimond, prieur du monastère de Nant, mit la dernière main à la construction de notre église qui fut, grâce à son influence et ses hautes relations avec Rome, érigée en abbatiale en 1135 par bulle du pape Innocent II, datée de Pise.

Outre ce bienfait, le Souverain Pontife accorda aux moines de Nant le droit d'élire leur abbé. Il leur permit encore d'ensevelir dans leur

---

(1) « Dono... ut mediatas istius honoris sit illius
» Ospitalis qui est in villa sancti Guillelmi et alia
» in communia monachorum. » D'après ce document Gilbert ou Guibert ne serait mort qu'en 1126 et non en 1112 comme le dit de Gaujal.

église ceux qui désireraient y recevoir les honneurs de la sépulture, sous réserve des droits dus à l'église mère.

Il unit à la mense abbatiale les églises de :

1º Saint-Etienne de Cazic, aujourd'hui disparu avec le hameau qui était sur ce terroir, côté est de Nant dont il est séparé par la Dourbie ;

2º Saint-Jacques de Nant. Nous verrons plus bas, qu'au XIIIᵉ siècle il y avait un chapelain de l'église Saint-Jacques à Nant appelé Pascal (*Capellanum sancti Jacobi Pascalem*) ;

3º Saint-Sauveur du Larzac (Eglise romane), Commune de Nant ;

4º De Sainte-Marie des Cuns. Les Cuns font aujourd'hui partie de la paroisse de Nant, mais l'église subsiste encore très bien conservée, avec portique au sud-ouest, et un campanile roman vrai bijou d'architecture ;

5º Saint-Etienne de Cantobre, formant encore paroisse, dans la commune de Nant ;

6º Sainte-Marie-Magdelaine de la Liquisse, commune de Nant ;

7º Saint-Michel de Robiac ; l'église subsiste encore, entourée d'un cimetière, dans lequel les habitants de ce village sont inhumés ; le clergé de Nant va y célébrer le culte chaque année le jour de la fête de Saint-Michel ; la paroisse est réunie à celle de Nant depuis la Révolution ;

8° Saint-Sépulcre d'Algues. C'était probablement dans la chapelle du château que le culte était célébré tant pour la famille de Roquefeuil que pour les habitants du hameau ; au point de vue religieux les habitants relèvent de la paroisse de Saint-Jean-du-Bruel, et font partie de la commune de Nant au point de vue civil ;

9° Saint-Christophe de la Couvertoirade, célèbre par les fortifications qu'y avaient alors élevé les Templiers ;

10° Sainte-Marie du Luc, siège d'une colonie pénitentiaire (Gard) ;

11° Sainte-Marie de Sauclières ;

12° Saint-Jean-du-Bruel, qui fut désigné longtemps sous l'appellation de Saint-Jean-de-Roquefeuil où fut transféré le siège du marquisat de ce nom ;

13° Sainte-Marie de Dourbies, église faisant aujourd'hui partie du diocèse de Nîmes ;

14° Saint-Géraud de Rupefolio (de Roquefeuil). Ainsi dénommé parce qu'il se trouvait dans la baronnie de ce nom et pour le distinguer des autres localités qui pouvaient porter ce nom à cette époque, comme Saint-Géraud de Auréliaco qui fut donné aux moines d'Aurillac en 961 par Raymond II ; on ignore où était située cette église ; ne pourrions-nous la placer au hameau de Lavaur qui est le plus rapproché du rocher de Saint-Guiral. Ce hameau, que nous ne trouvons pas sur la liste sous le nom de Lavaur possédait une église desservie autrefois par les moines de Nant. Alexis Brun, syndic et infirmier du monastère, y était prieur en 1721, d'après un acte que nous citons plus loin. Cette petite église a été tout récemment restaurée par un prêtre originaire de Lavaur ;

15º Saint-Jean de Vallagarnita. Le château de Vallagarnita, dont on voit encore quelques vestiges était situé entre Dourbies et le village de Prunaret (Gard). Il existait encore au xvᵉ siècle.

L'emplacement et le terrain avoisinant sont désignés encore sous le nom patois de Malgornide (Diocèse de Nîmes) ;

16º Sainte-Marie de Trèves. Chef-lieu de canton du Gard, diocèse de Nîmes ;

17º Saint-Pierre de Revents. L'église qui servait à cette époque de paroisse à Revens (Gard) et autres hameaux était sur la Dourbie adossée à la montagne vis-à-vis Carboniès ; elle est en ruines aujourd'hui.

Nous sommes porté à croire qu'il y en avait au moins encore une autre : Saint-Sauveur des Pourcils dont Pierre de Villaret était prieur en 1297 d'après un acte de cette époque cité plus bas.

« Inutile de dire avec quels transports de joie
» les pieux cénobites de Nant reçurent cette
» bulle ! Aussitôt ils se réunirent en assemblée

» capitulaire et décernèrent la crosse abbatiale
» à Raimond leur prieur. » (Abb., xxx. not. sur Saint-Pierre de Nant.)

Trois ans après, mitre en tête et le bâton pastoral à la main, Raimond accompagne son oncle Hugues, évêque d'Albi, au monastère de Gellone pour y faire la reconnaissance du corps de saint Guilhaume.

Ce monastère avait à cette époque pour abbé un autre membre de la famille du comte de Millau, Raimond frère de l'évêque d'Albi, Hugues, et des cardinaux Bernard et Richard (1). Ainsi s'expliquerait la présence des deux illustres pèlerins à cette cérémonie de la translation des restes de l'ancien lieutenant de Charlemagne qui, dédaignant la couronne comtale de Toulouse, avait préféré revêtir le froc et vivre dans la so-

---

(1) La preuve de cette assertion peut se tirer de trois actes du *Cartulaire de Silvanès* publié par l'abbé Verlaguet, portant donation faite en 1151 par Raimon abbé de Gellone, la deuxième par Raimon abbé de Nant en 1153, d'un terrain appelé de Solliis, Sols, situé à la Couvertoirade et dont une autre partie avait été donnée en 1142 au même monastère par Fredelon de Roquefeuil, Marie sa mère, Agnès et Adelaïde ses sœurs.

Cette propriété portant le même nom, située au même endroit quoique appartenant à divers propriétaires, avait eu une origine commune ; il avait appartenu dès le principe à un seul propriétaire ; son morcellement par la loi de l'héritage, n'atteste-t-il pas une parenté parmi les possédants à cette époque ?

litude du lieu de Gellone qu'il avait choisi pour y fonder un monastère.

Durant les quinze années qui suivirent, nous ne savons rien sur l'abbé Raimond. Son administration dut être pleine de sagesse et de réformes, donnant ainsi un essor nouveau à la prospérité de l'abbaye de Nant. Son amour pour la vie religieuse était si grand qu'il n'hésite pas à suivre l'exemple de son oncle Raimond, abbé de Gellone, qui avait aidé par des donations et des subsides l'abbé de Sylvanès, Guiraud, opérant la restauration de son monastère.

Voici, d'après le *Cartulaire de Silvanès* publié par l'abbé Verlaguet, p. 384, la copie intégrale de cet acte de donation que fit aussi à Guiraud, Raimond abbé de Nant (1).

---

(1) « Anno Dominice Incarnationis M° C° L° III°
» Ego Raimundus abbas monasterii de Nanto cum
» consilio et laudatione Guillermi Berengerii prio-
» ris et ommium monachorum notrorum videlicet
» Bertrandi Alga, Petri Berengerii, Nicesii, Raimundi
» de Cantobre, Olga, Bernardi de Esparron et alio-
» rum omnium, bona fide et sine inganno, pro amore
» Dei et salute nostrâ et jussione Domni Eugenii
» pape dono et laudo et titulo donationis cum hâc
» cartâ trado monasterio beate Marie, quod voca-
» tur Salvanense et tibi Guiraldo abbati cunctisque
» ejusdem loci fratribus presentibus et futuris, de-
» cimam quam habemus in manso qui vocatus
» Soilo, hoc donum facimus integre et fideliter et
» absque omni retentione ut jure perpetuo habeatis
» et possideatis predictam decimam et vos et suc-
» cessores vestri. Testes hujus rei sunt : Nicenius
» de Alga, Raimundus de Sancto Michaele, Guiller-

« L'an de l'Incarnation de Notre Seigneur
» 1153, moi, Raimond abbé du monastère de
» Nant, d'après le conseil et l'approbation de Guil-
» laume Berengier, prieur, et de tous nos moines
» savoir Bertrand d'Algues, Pierre Berengier, Ni-
» caise, Raimond de Cantobre, Bernard d'Espar-
» ron et tous les autres, de bonne foi et sans ré-
» ticence pour l'amour de Dieu et pour notre sa-
» lut soumis au pape Eugène, je donne et livre
» par ce titre de donation au monastère de sainte
» Marie appelé Sylvanès, et à toi Guirald, abbé et
» à tous les frères présents et futurs, la décime
» que nous avons sur le domaine qu'on appelle
» Soils, nous faisons cette donation entièrement
» et fidèlement et sans réticence afin que vous et
» vos successeurs jouissiez de cette décime en
» droit perpétuellement.

» Les témoins de cette donation sont : Nicène
» d'Algue, Raimond de Saint-Michel, Guillaume
» de Luc et Bernard son frère, Guillaume Gau-
» celin, Pierre Victor et Raimond de Cantobre,
» moine. »

Cet acte est d'autant plus intéressant qu'il
nous fait connaître outre les noms de quelques
moines formant comme le chapitre Conseil de
l'abbé Raimond, celui de personnages laïques

» mus de Luc et Bernardus frater ejus, Guillermus
» Gaucelinis, Petrus Tector, et Raimundus de Can-
» tobre monacus. »

de Saint-Michel, Le Luc, Algues qui étaient en relation d'amitié avec l'abbé Raimond.

L'abbé de Nant avait eu la joie de voir son petit-neveu Hugues, fils d'Hugues, comte de Rodez, et d'Ermengarde de Creyssels, recevoir l'onction épiscopale. Pourquoi n'admettrions-nous pas que, voulant couronner son œuvre dans l'abbaye de Nant, l'abbé Raimond recevant la visite de l'évêque de Rodez, ne l'ait prié de consacrer son abbatiale ? Les circonstances ne pouvaient être ni plus favorables ni plus propices.

L'église de Nant est consacrée. Cela résulte d'une inscription gravée sur la corniche du soubassement dans l'abside du milieu, côté de l'évangile, ainsi conçue : PAX VIC DOMVI ✠ VI° IDVS AGVSTAS DEDICACIO ECCLLĒZ. Paix à cette maison ✠ le six des ides d'août (8 août) dédicace de l'église (1).

La citation tirée de la collection de Doat, nous présente Raimond à son lit de mort exprimant ses dernières volontés à son petit-neveu Hugues, l'évêque de Rodez, en présence de Ber-

---

(1) Cette inscription n'a jamais indiqué l'année de la consécration, comme on l'a dit parfois en supposant que cette indication avait disparu quand fut ouverte la porte voisine. Ces sortes d'inscriptions, bien communes à cette époque, avaient un but non point historique mais liturgique, indiquant le jour où on devait célébrer la fête de l'anniversaire de la Consécration. (Note de l'abbé Elie Vigouroux.)

nard d'Anduze qui avait épousé, en 1129, Adelaïde de Roquefeuil, cousine de Raimond.

Cette déclaration faite de la main de l'évêque de Rodez, en présence de Bernard d'Anduze, et datée de 1178, nous induit à croire que Raimond ne mourut point dans le monastère de Nant ; on verra ci-après que son successeur fut nommé en 1165. Sentant le poids des ans, il donna sa démission treize ans avant sa mort. Se serait-il retiré au château d'Algues dont il était co-propriétaire avec Bernard d'Anduze de par la donation de saint Fulcran ?

On pourrait le conjecturer. Un désir verbal d'être enterré dans l'église de Nant, fait dans le monastère en présence de tous les moines présents à son lit de mort eut, ce nous semble, suffi. Quoiqu'il en soit, l'abbé Raimond voulut rester après sa mort au milieu de ses moines qu'il avait tant aimés, imitant en cela saint Guillaume qu'il avait pris pour modèle.

Comme témoignage de son amour il laisse au monastère les biens qu'il possédait soit au Liquier, soit au Fraissinet haut (nous n'avons pu identifier l'endroit occupé par le d'Orsaret), et cette donation faite devant témoins fut confirmée par l'approbation écrite de Bernard d'Anduze. Les témoins principaux étaient B. Malias, P. Bonfils, N. de Rabastens. Ce fut avec reconnaissance que ce legs pieux fut accepté.

Nous devons laisser les lecteurs juge des regrets que cette mort fit naître parmi les religieux, comme aussi des funérailles qui furent faites au premier abbé du monastère, issu d'une des familles les plus riches et les plus puissantes de cette époque.

Tombeau de Raimond.
Ossuaire ou Vade in pace.

Le corps du premier abbé de Nant fut d'abord déposé dans un endroit provisoire en attendant l'érection d'un monument définitif.

Ce monument existe, nous le croyons du moins. On le voit à droite en entrant dans l'Eglise. Il est pratiqué dans l'épaisseur du mur qui sépare le porche actuel de la sacristie ancienne, peut-être même le mur tout entier fut-il construit à cette occasion. Au-dessus d'un soubassement tout uni, le tombeau présente sa face ornée de quatre roses trilobées et encadrées d'élégantes moulures. Il est surmonté d'une gracieuse arcature ogivale reposant sur de petites colonnettes ; le tout est couronné par un fronton triangulaire dont le sommet est brisé et le tympan percé d'une sorte de petite fenêtre oblongue.

Quoique le caractère ogival de ce monument

atteste une construction postérieure, rien n'empêche que pour remplir les désirs de l'abbé Raimond, un de ses successeurs, après avoir élevé ce tombeau, n'y ait fait déposer ses cendres. C'est très probablement à cette époque que le péristyle ou déambulatoire vit ses cinq arcatures fermées et fut réuni à l'église dont il forma atrium ou tambour.

Dans la suite on usa largement de la liberté laissée par le Pape Innocent II d'enterrer dans l'abbatiale de Nant. Pendant cinq cents ans les religieux y furent inhumés. Leurs ossements exhumés à chaque fosse nouvelle étaient alors déposés dans un lieu appelé « Vade in pace ». Où était donc cet ossuaire ?

Les trois absides du chevet furent reliées malencontreusement par des murs extérieurs qui forment, de chaque coté, un réduit triangulaire à la jonction des absides. Ces deux murs nécessitèrent ainsi la fermeture de deux baies dans l'abside du milieu. Une porte pratiquée dans cette abside, côté de l'évangile, au-dessous d l'inscription citée plus haut, donnait accès dans une sorte de couloir permettant au prédicateur d'aller à la chaire placée sur l'angle au milieu des quatre colonnes géminées.

Du côté opposé, côté de l'épître, se trouve l'autre réduit auquel on accédait par la baie murée et c'est là qu'est l'ossuaire. Le « Vade in pace » fut ouvert la dernière fois, en 1818, époque où l'on opéra le pavage actuel de l'église qui jusque-là n'en avait reçu sur son sol. Deux ouvriers maçons fouillant le terrain pour le niveler mirent à jour un trésor dont il sera parlé plus loin, et quantité d'ossements qui, pieusement recueillis, furent déposés dans l'Ossuaire à côté de ceux qui s'y trouvaient déjà.

Le dallage du péristyle côté gauche ne fut opéré qu'en 1869, par les soins du curé Rességuier. Les pavés en terre cuite reposent sur des cercueils qui furent mis à jour dès les premiers coups de pic et dans lesquels on vit des crânes ornés encore de la couronne monacale. Tout fut respecté et laissé en l'état ; le carrelage fut placé sur pilotis qui, rongé par l'humidité, cède déjà en plusieurs endroits (1).

La sacristie basse située à droite sous le péristyle n'a jamais reçu de pavage, quelques planches à moitié vermoulues reposent sur la terre nue.

Les religieux ne furent point les seuls à être enterrés dans l'église ; des laïques y reçurent aussi leur inhumation moyennant redevance. L'autre partie de la population était enterrée dans le cimetière situé derrière les trois absides.

---

(1) Un des ouvriers qui firent ce dallage, M. Léopold Tisseyre nous a attesté naguère ce fait que nous connaissions déjà.

Ce cimetière a été converti en place publique depuis très longtemps.

L'érection du prieuré de Nant en abbaye rendit celle-ci autonome. Depuis cette époque les moines élurent leurs abbés et ce droit fut exercé par eux jusqu'à la nomination des abbés commendataires.

Les armes du chapitre régulier étaient d'or à la croix de gueules chargé au cœur d'une mitre d'argent.

L'abbé de Nant portait la croix pectorale, la mitre et la crosse abbatiale. Cette crosse était de bois dans les jours de la grande régularité. Une crosse d'or ornée de pierreries la remplaça dans les jours de la décadence des vertus monastiques. (Abb. XXX, notice).

2. Pierre de Bérenger. — « Pierre de Bé-
» renger par lettres datées de l'an 1165 con-
» firme la donation que son prédécesseur avait
» faite aux moines de Sylvanès (1). »

Raimond ne mourut, comme nous l'avons vu, qu'en 1178. Son œuvre accomplie et sentant le poids des ans, peut-être aussi celui des infirmités, il voulut se choisir avant sa mort un successeur auquel il put remettre le bâton pastoral

---

(1) *Gallia christ.* : « Petrus Berengerii confirmat do-
» nationem à suo prædecessore Salvaniensibus fac-
» tam. litteris datis an. 1165. »

en toute confiance et désigna aux suffrages de ses frères Pierre de Bérenger.

Ce dernier était probablement un de ses neveux qu'il avait lui-même formé à la vie religieuse dans le monastère de Nant.

Ce qui nous porte à le croire c'est que, douze ans auparavant, Pierre de Bérenger avait, comme simple moine, signé l'acte de donation du décime que l'abbé Raimond avait faite du terrain de Soils au monastère de Silvanès.

Le nom de Bérenger était alors fréquemment porté par les vicomtes de Narbonne, de Millau et de Creyssels dont les familles étaient toutes unies par différents mariages.

Le nouvel abbé de Nant était probablement le fils de Raimond de Bérenger, comte de Barcelone et prince d'Aragon, qui avait épousé Douce, fille et héritière de Gilbert, par conséquent petit-neveu de l'abbé Raimond.

L'année même de l'élévation de son fils à la dignité abbatiale, ce Raimond de Bérenger, en 1165, avait exempté du péage et autres droits dans la ville de Millau, sur le pont et ailleurs, les religieux de Silvanès en présence de Guillaume, autrefois seigneur de Montpellier, et maintenant pauvre moine (nunc pauper monachus (Cart. de Silvanès).

Toutes les libéralités de la part des divers membres de la famille des comtes de Millau peuvent nous autoriser à croire que l'abbé Guirald, qui en était le bénéficiaire au nom des moines de Silvanès, était un membre de cette famille.

Voici la traduction de l'acte de confirmation faite au nom de Pierre de Bérenger à Sylvanès, d'après le cartulaire publié par l'abbé Verlaguet (1).

« On doit savoir que l'année du Seigneur
» 1165, moi Laurens, chapelain de Saint-Chris-
» tophe de la Couvertoirade, d'après l'ordre, le
» conseil et l'approbation de seigneur Pierre de
» Bérenger abbé de Nant, et de Hugues, prieur
» du même monastère, approuve et confirme
» la susdite donation du décime de Soilz, en la
» possession de Pons, abbé de Sylvanès, en pré-
» sence de Raimond Alzarams, et Rigald moi-
» nes. Les témoins de cela sont Guillaume Pons,
» chevalier du Temple, Guillaume Alzarams et
» Raimond Bernard. »

Nous apprenons par ce document : 1° que l'abbé de Nant était secondé dans les devoirs

---

(1) « Et sciendum est quod anno ab incarnatione
» domini Mº Cº LXº Vº Ego Laurencius, capellanus
» Sancti Xristophori de la Corbertoirade jussione,
» consilio, et laudatione domni Petri Berengerii ab-
» batis, de Nanto, et Ugonis, ejusdem monasterii
» prioris ; laudo et confirmo prædictam donatio-
» nem decime de Soilz in manu Poncii abbatis Sal-
» vaniensis, in præsentiâ Raimundi Alzarams et Ri-
» galdi monachorum. Testes hujus rei : Guillermus
» Pontii miles de templo, Guillermus Alzarams et
» Raimundus Bernardi. »

de sa charge par Hugues prieur du monastère et que trois moines au moins desservaient à cette époque la place importante de la Couvertoirade : Laurens, chapelain, Raimond Alzarams et Rigal moines.

2º Nous devons constater que le chevalier du Temple Guillaume Pons, portant le même nom que l'abbé de Sylvanès, il pouvait y avoir parenté entre eux ; même constatation doit être faite pour les deux Alzarams, l'un moine et l'autre sans qualification, un habitant peut-être de la Couvertoirade.

En 1168, trois années après, d'après le même cartulaire, un certain Raimond Cédal de Nant à son lit de mort et du consentement de son épouse Guillelme fit encore donation au monastère de Sylvanès d'une vigne appelée Laporte, sur le terroir du Durzon. Les témoins furent Bertrand d'Archimbaud chapelain de Saint-Martin, et Aimeric prêtre. Pierre Hélie, Ricard de Planquette, Hugues de Montrosier, Pierre de Raimon, Raimon moine fils d'Airald (1).

---

(1) « Ab anno incarnatione Domini : Mº Cº LXº
» VIIIº in nomine domini Ego Raimundus Cédal,
» in extremis positus et bonâ memoriâ plenus cum
» consilio et laudatione uxoris meæ Guillelme, bonâ
» fide, pro amore Dei et remissione peccatorum
» meorum et pro salute animæ meæ dono et laudo
» et titulo perfectæ donationis cum hâc cartâ trado
» monasterio beatæ Marie Salvanense, et tibi Poncio
» abbati, omnique ejusdem loci conventui præsenti

Le mois de juillet de la même année, Hugues de Montrosier qui avait signé comme témoin dans l'acte précédent, et beau-frère du donateur, donne, ainsi que son épouse Cédalhe, d'après les conseils de l'abbé Raimond encore vivant, au monastère de Sylvanès toute la dîme qu'ils possédaient sur la terre de Soilz. Les témoins de l'acte furent Bérenger de Castluce, Pierre Hélie, Bérenger de Molnar, Raymond de Verdun et Pierre Pellicerius. La confirmation de l'acte fut signée par Ademard de Cantobre, Pierre Bérenger de Castluce et tous les autres ci-dessus.

» et futuro, vineam quæ vocatur de la Porta, que
» est apud Durzonem, cujus medietatem Petrus
» Bernardus excolit et quartum inde reddit altera
» plus quam medietas est in domino. Hujus dona-
» tionis testes sunt : Bertrandus Archimbaldi capel-
» lanus Sancti Martini et Aimericus sacerdos. Petrus
» Helie, Ricardus de Planquetta, Ugo de Montroser.
» Petrus Raimundi, Raimundus monachus filius
» Airaldi. »

Dans une autre donation faite par les mêmes au monastère de Silvanès l'épouse de Raimond Cédal est désignée sous le nom d'Ema, diminutif de Guillelme.

Fol. 158, 159. coll. Doat, 1168. « Donation faite
» par Ema, Raimond Cedalii son mari et leurs en-
» fants au monastère de Silvanès de l'alleu, fief, bé-
» néfice, viguerie et dîme du mas de *Causerias* pour
» deux bœufs et à condition que l'abbaye recevra Rai-
» mond fils d'Ema et de Raimond Cedalii comme
» religieux quand il aura atteint l'âge de quinze
» ans. »

Guillaume de Narbonne écrivit l'acte (1).

Nous ignorons l'époque de la mort de Pierre de Bérenger qui eut pour successeur Guillaume.

3. Guillaume I. — « Guillaume I avec Hu-
» gues évêque de Rodez et Guiraud abbé de Con-
» ques est témoin d'un arrangement conclu en-

---

(1) « In nomine Domini anno incarnationis ejus-
» dem M° C° LX° VIII° mense julii ego Ugo de Monteur
» sorio et ego Cedalia, uxor ejus, nos ambo pari-
» ter sine omni retentione bonâ fide et sine inganno
» pro amore dei et remissione peccatorum nostro-
» rum consilio etiam et laudatione Raimundi de
» Nanti donamus et laudamus titulo perfecte dona-
» tionis tradimus deo et monasterio beate Marie de
» Salvanès et tibi Raimundo abbati omnique ejus-
» dem loci conventui presenti et futuro medietatem
» videlicet totius decime universi territorii de Sols
» sicut nos et feudalis noster Miro visi sumus ha-
» bere et tenere in pace et hoc juramus super
» sancta evangelia presentialiter à nobis contactu
» et vos dedistis nobis de caritate LX solidos Mel-
» gorienses ità ut nihil apud vos remansit in de-
» bito. Et ego Raimundus de Nanto predictus laudo
» et confirmo tibi Ramundo abbati, et universis
» Fratribus Salvaniensibus presentibus, et futuris
» hanc donationem et ratam illam habeo et promitto
» per stipulationem quod contra eam non veniam
» neque quis quam meo ingenio vel arte. — Testes
» hujus donationis, quam Ugo predictus et uxor
» ejus fecerunt sunt : Petrus Berengarius de Cast-
» lucio, Petrus Helias, Berengarius de Molnar,
» Ramundus de Verduno et Petrus Pellicerii —
» Laudationis vero Raimundi de Nanto testes sunt :
» Ademarus de Cantobre et Petrus Berengerii su-
» pra dictus et ceteri qui supra. — Guillelmus de
» Narbona scripsit. »

» tre Pierre abbé d'Aurillac et le comte de Tou-
» louse l'an 1180.

» C'est peut être aussi ce même Guillaume qui,
» en 1217, est choisi pour connaître du litige
» existant entre Pierre abbé de Gellone et Guil-
» laume de Pons (1). »

D'après la juxtaposition de ces divers noms il nous est permis de conclure que tous ceux qui les portaient devaient être presque tous unis par des liens de parenté plus ou moins éloignée.

Malgré le droit d'élection concédé aux religieux de Nant pouvant librement choisir leur abbé, le souvenir des anciens fondateurs et de leur passage sur le siège abbatial, la mémoire de certains bienfaiteurs, du dévouement et des largesses de certaines familles, tout cela pesait certainement sur la balance élective ; la mître abbatiale se transmettait encore entre les membres d'une certaine aristocratie religieuse comme d'ailleurs la crosse sur les sièges épiscopaux et les couronnes dans la haute noblesse.

C'était dans les mœurs de l'époque, les cadets de famille en entrant dans le cloître y appor-

---

(1) *Gall. christ.* : « Guillelmus cum Ugone Ruthe-
» nensi episcopo et Guiraudo abbatæ Conchesi tes-
» tii est compositionis factæ inter Petrum abbatem
» Aureliacensem et comitem Tolosanem anno 1180.
  » Idem forte est ac Willelmus qui anno 1217 ju-
» dex et arbiter pro sapiendà lite inter Petrum abba-
» tem Gellonensem et Guillelmum Pontii. »

taient leur nom, de la fortune et on leur en tenait compte.

Bosc, p. 383, nous dit : « Dans un accord
» de 1180 passé près du château de Capdenac
» entre le comte de Toulouse et l'abbé d'Auril-
» lac on fait intervenir Izarn vicomte de Saint-
» Antonin, ainsi que plusieurs autres seigneurs
» du Rouergue comme Hugues évêque de Ro-
» dez, Hugues comte, Guiraud abbé de Con-
» ques (1), Guillaume abbé de Nant, Imbert de
» Cadole seigneur de Malleville, Bernard d'Ar-
» pajon, Guibert du Bosc, etc. »

D'après nous, cet abbé serait un fils de Guilhem VI. Son père, qui fut seigneur de Montpellier de 1121 à 1149, s'était fait moine à Grand-Selve (nunc pauper monachus); il fut l'ami de saint Bernard, et honoré comme bienheureux après sa mort par les Cisterciens.

---

(1) Quel était ce Guiraud, abbé de Conques ?
Nous avons vu dans les précédents documents que dans l'espace de quelques années trois abbés avaient successivement gouverné le monastère à Sylvanès : Guiraud ou Guirald, Pons et Raimond. Ne nous serait-il point permis de croire que Guiraud abbé de Sylvanès pourrait bien être le même que Guiraud abbé de Conques où il aurait été appelé par élection ? Rien ne s'y oppose, pas même son âge, car en admettant que l'abbé de Sylvanès eut eu 30 à 35 ans lorsqu'il fonda Nonenque en 1146, il n'aurait eu que 65 à 70 ans lors de son élévation à l'abbatiat de Conques et dès lors la nomination de ces trois arbitres s'expliquerait très bien par la parenté.

Son frère aîné, qui gouverna Montpellier sous le nom de Guilhem VII, se maria en 1156 avec Mathilde de Bourgogne ; Hugues, comte de Rodez, et neveu de l'abbé Raimond était un des seigneurs qui se rendirent garants des promesses de Guilhem VII dans la célébration de ce mariage au Puy (1). Un autre de ses frères, Raymond Guilhem, fut évêque de Lodève et une de ses sœurs, Guillemette, avait épousé, en 1169, Raimond d'Anduse de Roquefeuil (2).

Nous croyons ne pas devoir suivre la *Gallia christiana* nous disant : C'est peut-être aussi ce même Guillaume qui règle un autre différend en 1217.

4. Guillaume II. — Le cartulaire de Gellone, page 506, mentionne ce différend mais avec changement de nom entre les parties adverses. « Controverse entre l'abbé de Saint-Guilhem et un Bérenger Pontii au sujet d'une maison « de domo sancti Willelmi quæ est apud Nantum », l'accord fut fait dans le monastère de Nant « in claustro de Nanto », en présence du prieur, du sacristain et autres en 1217. »

S'il eut réglé ce différend, Guillaume de Montpellier eut été trop vieux. Nous ne connaissons plus rien sur cet abbé.

---

(1) Bar. de Gaujal. — (2) L'abbé Bosc.

5. Raimon de Mala Vetula lui succéda.

Nous connaissons cet abbé par un traité d'union qu'il fit en 1224 avec Guillaume, abbé de Thomières. « En 1240 Arnald de Cantobre
» archidiacre de Lodève fit de grandes libéra-
» lités au monastère de Nant (1). »

La collection de Doat porte : « Acte d'union
» entre l'abé et les religieux de Sainct Pons de
» Thomières et l'abbé et les religieux de Nant,
» par lequel ceux de Nant s'obligent à célébrer
» pour ceux de Sainct Pons vivants et trépassés
» un office général et ceux de Sainct Pons pour
» ceux de Nant le lendemain de la feste de
» Sainct Pierre aux liens, de faire un tricen-
» naire de messes et d'aumônes pour les
» âmes des abés sur leur premier avis de leur
» décès et de se donner place respectivement
» dans le chœur des monastères dans lesquels
» ils pourront demeurer tant qu'il leur plaira
» comme compagnons, frères et participants en
» tous les biens spirituels et temporels en la vie
» et en la mort. (12 col. nov. 1224.) »

Les entrevues personnelles et les relations diverses qui eurent lieu dans le monastère de

---

(1) *Gall. christ.* : « R. de Mala Vetula anno 1224
» societatem iniit cum G. Tomieriens i abbate.
» XV kal. nov. anno 1240 Arnaldus de Cantobrio
» archidiaconus Lutevensis multa contulit monas-
» terio Nantensi. »

Nant où s'étaient rendus successivement les deux abbés de Saint-Guilhem et de Saint-Pons au sujet de leur litige, avaient resserré plus étroitement les liens qui les unissaient dans l'amitié sinon dans la parenté.

Voulant se donner des témoignages d'amour et de reconnaissance les uns pour les autres, l'abbé de Nant et celui de Saint-Pons décidèrent que malgré la distance les deux monastères ne formeraient pour ainsi dire qu'une même famille dont les membres se prêteraient mutuellement secours, soit dans l'ordre matériel en se donnant gîte et couvert, soit dans l'ordre spirituel par des prières et services funèbres.

Cette entente au point de vue matériel doit nous éclairer sur ce qu'étaient alors les monastères.

Les obligations de chaque membre variaient selon son état, la claustration pour le prêtre devant être plus sévère que pour le religieux laïque ; le compagnon, l'ouvrier étaient plus libres. Ils trouvaient en général les portes du monastère voisin largement ouvertes quand pour une raison quelconque ils désiraient s'y rendre, et nous devons considérer l'entente dont il est parlé comme un certificat général donné pour chaque membre.

L'abbé de Nant, Guillaume étant mort ce fut Raimon de Mala Vetula qui conclut définitivement cette union avec Bérenger de Saint-Pons de Thomières (1).

La donation que Arnald de Cantobre, archidiacre de Lodève, fit au monastère de Nant n'est point spécifiée quoique importante.

Ce dignitaire de la cathédrale de Lodève n'avait-il point été religieux de Nant ou du moins, n'y avait-il point reçu son éducation cléricale ?

L'abandon au monastère de Nant des biens qu'il devait posséder à Cantobre était certainement un acte de reconnaissance envers le pieux établissement auquel il voulait s'intéresser après sa mort.

Dans le testament de saint Fulcran, évêque de Lodève, à coté des noms de Angelmar et Etienne abbés, ce dernier son petit-cousin, nous voyons figurer le nom de Arnaldus chanoine (en 988).

N'y avait-il pas un lien de parenté entre la famille Arnald de Cantobre et celle de Roquefeuil (2).

---

(1) Le château de Malavieille (Mala Vetula) était situé dans le Lodevois ; la chapelle qui le desservait était une annexe de l'église Saint-Pierre de Mérifons sur la rive droite du Lergue non loin de Lodève.

(2) Le cartulaire de Gellone, dit l'abbé Hermet (éclaircissements sur quelques points d'histoire locale de Rouergue) révèle l'existence au XIe siècle de deux vigueries nouvelles sur la rive gauche du Tarn dont la vicaria de Cantobre :

« Ego Raimundus et uxor mea... donamus unum

La famille de Cantobre était alors une des plus importantes de la région. Isabelle de Roquefeuil, épouse de Henri IV, comte de Rodez, voulant être inhumée à Nonenque, fit son testament, en 1251, en présence de Guillaume de Cantobre, chevalier, et d'Aimar (Adhémar) de Cantobre, damoiseau.

Gilbert de Cantobre, neveu de Bernard de Latour, évêque de Saint-Papoul, après avoir été moine de ce monastère, fut abbé de Saint-Gilles, abbé de Saint-Victor de Marseille et nommé par Benoit XII, le 17 janvier 1339, évêque de Rodez (de Gaujal).

D'après le livre du consul boursier de Millau, Arnaud de Roquefeuil après avoir reçu au château d'Algues, le 15 octobre 1369, les consuls délégués de Millau, eut une nouvelle entrevue le lendemain à Cantobre avec eux ; ce qui laisserait supposer qu'Arnaud de Roquefeuil y possédait alors le château-fort.

» mansum in villa quæ vocatus Poieto, (probable-
» ment le Poujol près de Treilles... et est in comita-
» tis Ruthenico in vicariâ que vocant Cantobre ch.
» vc. anno 1027-1031 ».

D'après le même cartulaire, p. 468, un Raimond de Cantobre en 1162 était prieur de Saint-Martin de Londres ; un différend entre lui, Richard abbé de Gellone d'un côté et Guiraud Adema de l'autre fut solutionné cette année-là.

6. Bernard I. — « Bernard I reçoit en hom-
» mage, de la part de Pierre de Cantobre, tous
» les biens que ce dernier possédait sur la pa-
» roisse de Saint-Sauveur du Larzac, le 14 des
» calendes de mars 1240 (1). »

Nous ne connaissons rien sur cet abbé concernant sa famille et son lieu de naissance.

Il nous suffira de signaler encore la générosité des membres de la famille de Cantobre envers le monastère de Nant. Pierre de Cantobre devait être probablement un parent de l'archidiacre de Lodève.

Bernard I ne porta pas longtemps la crosse abbatiale car il mourut en 1244 ayant pour successeur :

7. Guillaume III de Peyre, abbé en 1244 (2).

C'est par cette seule indication que nous connaissons le passage de cet abbé au monastère de Nant.

La famille de Peyre a donné plusieurs dignitaires à l'Eglise : « En 1060, Aldebert de Peyre,
» évêque de Mende, appuyé par Bérenger II,
» père de Raimon Ier, abbé de Nant, avait uni à

---

(1) *Gall. chr.* : « Bernardus I abbas excepit homi-
» nium Petri de Cantobrio pro his que possidebat
» in parochiâ Sancti-Salvatoris de Larzat et cal.
» XIV martii anno 1240. »

(2) *Gall. chr.*: « Guillelmus III Peirini, anno 1244. »

» Saint-Victor de Marseille l'église de Saint-
» Martin de La Canourgue parce que dans cette
» église le dérèglement avait été porté au point
» que les dignités et les canonicats étaient tous
» entre les mains des laïques qui les avaient
» unis à leur domaine. Aldebert de Peyre avait
» décidé ceux qui profitaient de ces usurpations
» à y mettre fin avant d'opérer cette union. »
(de Gaujal).

Plus tard, Guillaume de Peyre, probablement un parent de l'abbé de Nant, étant aussi évêque de Mende, fut chargé par Jacques d'Aragon, son parent, qui avait écrit une lettre, datée de Huesca (Espagne), en date du 25 avril 1223, aux habitants de Millau, de régler un différend concernant les prétentions de Raymond VII sur la vicomté de Millau. Les habitants de cette ville préféraient le gouvernement du roi Jacques à celui de Raymond VII qui jouissait de cette vicomté avant la confiscation de ses biens, en vertu d'un engagement que lui avait consenti Pierre II, père de Jacques, en 1024 (de Gaujal). Cela seul suffit pour affirmer les hautes relations de la famille de Peyre et de son influence, et c'est ce qui explique en partie le choix que firent les moines de Nant en choisissant Guillaume III, membre de cette famille, pour leur abbé.

Nous ne connaissons rien ni sur son administration ni sur sa mort.

8. Bernard II. — « Bernard II, auquel, en
» mars 1252, Pierre de Cantobre fit hommage de
» certaines donations, se trouve encore inscrit
» sur la liste des abbés en 1257 et 1263.

» C'est le même que Bernard de Carbon, au-
» trefois abbé de Nant, qui est désigné dans la
» lettre du pape Clément, en date du 15 des ca-
» lendes de novembre et la première année de
» son pontificat, adressée à l'évêque de Cler-
» mont, dans laquelle, après l'avoir loué de son
» abdication, il prie Bernard de rester moine
» du monastère de Sainte-Foy de Conques de
» l'ordre de saint Benoit, diocèse de Rodez, où
» il était avant son élévation à l'abbatiat du
» monastère de Nant. Dans cette bulle, Urbain
» est désigné comme étant le prédécesseur de
» Clément, d'où il résulte que la bulle est de
» Clément IV, élu l'an 1265.

» Deux prieurés, celui de Marcillac et de Cou-
» bisou, relevant du Monastère de Conques
» avaient été octroyés à Bernard par l'abbé de
» ce monastère dont il encourut plus tard l'ini-
» mitié, parce que le pape Urbain l'avait chargé
» de faire enquête et de juger avec l'évêque
» d'Agde les divers crimes de cet abbé (1). »

---

(1) *Gall. christ.* : « Bernardus cui anno 1252, VII
» cal. martii Petrus de Cantobrio præstitit quoque
» hominium reperitus in tab. 1257 et 1263.
» Idem et ac Bernardus de Carboneriis qui quon-

La collection de Doat nous fait connaître cet abbé en ces termes : « Acte de l'hommage fait
» par Pierre de Cantobre à Bernard abé de
» Nant, de tout ce qu'il tenoit au village des
» Crémats en la paroisse de Sainct Sauveur du
» Larzac 7 kal. maï 1252.

» Bulle du pape Clément V par laquelle il
» aprouve la desmission de Bernard de Carbon
» abé du monastère Nanten de l'ordre de saint
» Benoist au diocèse de Rodez de ladite abaye
» et veut qu'il demeure moine du monastère de
» saincte Foy de Conches du même ordre de
» sainct Benoist au dict diocese 12 kal. novem-
» bris anno primo 1305. »

Ces documents sont d'accord en ce qui con-

» dam abbas monasterii Nantensis, dicitur in bullâ,
» Clemencis papæ XV cal. novembris pontificatûs
» anno I ad episcopum Claromotensem directâ,
» quâ prædicti abbatis abdicatione laudatâ ejusdem,
» præcibus inclinatus ultro concedit quod idem
» Bernardus remaneat monachus sancti Fidis Con-
» chesi ordinis sancti Benedicti Ruth. diœcesis,
» à quo fuerat assumptus in ejusdem monasterii
» Nantensis abbatem.
  » In hàc vero bullâ Urbanus dicitur antecessor
» Clementis ; proinde que bullâ est Clementis IV
» electi anno 1265.
  » Bernardus duos prioratus, scilicet de Marci-
» liaco et de Cubisone ad monasterium sanctæ
» Fidis spectantes obstinuerat ab abbato Conchesi
» cujus posteà incurrit inimicitiam, quia ab Urbano
» papâ inquisitor et judex fuerat constitutus cum
» episcopo Agath. super diversis ejusdem abbatis
» criminibus. »

cerne la nouvelle donation de ses biens situés au village des Crémats que Pierre de Cantobre fit à l'abbé de Nant. Ce village, dont on voit encore quelques ruines (des Cazals), n'existe plus ; il était situé entre Saint-Sauveur du Larzac et les Mares ; les terrains portent encore sur le cadastre le nom de Crémats. Une partie de ce village avait été donnée par Siguin de Roquefeuil à l'abbaye de Gellone en 1032. Son identification ne laisse aucun doute à ce sujet.

La *Gallia christ.* insiste sur la date de la bulle du pape Clément voulant relever une erreur de la collection de Doat, due probablement à un copiste. Si, en effet, la donation de Pierre de Cantobre eût été faite sous Clément V, il faudrait conclure que cette donation aurait été faite 65 ans après la première, sous Bernard I, en 1240, ce qui est inadmissible.

Deux faits saillants doivent retenir notre attention au sujet de l'abbatiat de Bernard de Carbon :

1° Sa démission d'abbé dont on ne donne aucun motif ; démission approuvée par le Pape et qui lui valut des louanges de la part du Saint-Siège.

2° Sa nomination de juge enquêteur, concurremment avec l'évêque d'Agde sur la conduite criminelle de l'abbé de Conques, ce qui prouve combien le pape le tenait en haute estime.

L'historien si documenté de sainte Foy de Conques paraît ignorer complètement qu'il y a eu à Nant un monastère de bénédictins. C'est une lacune. Comment a-t-il pu confondre dans le même oubli la légion de moines dont il retrace cependant les mérites et les travaux avec le moine Bernard de Carbon qui, s'étant recommandé par ses vertus au choix de ses frères de Nant, l'élirent pour abbé.

Le rôle que tint Bernard de Carbon, redevenu simple moine, chargé par le pape, tant il l'avait en haute estime, d'enquêter sur les crimes de son supérieur, aurait dû être mentionné, car si l'historien doit donner des louanges à ceux qui les méritent, il doit stigmatiser ceux qui faillissent à leurs devoirs, commettent des crimes, seraient-ils princes ou simples abbés.

Les motifs qui déterminèrent Bernard de Carbon à abdiquer et à résigner ses fonctions d'abbé dûrent être assez graves puisqu'ils nécessitèrent l'intervention de Rome ; ils furent aussi à son honneur, d'après les louanges que le pape lui prodigua dans une lettre adressée à l'évêque de Clermont.

Bernard de Carbon, retiré au monastère de Conques, fut pourvu de deux bénéfices importants : celui de Marcillac et de Coubisou, dépendant de cette abbaye et il est à croire qu'il exerça le ministère paroissial dans l'un d'eux.

Nant et ses fortifications.

Nous sommes arrivés en plein moyen âge. Arrêtons notre récit sur les abbés de Nant, et, jetant un regard en arrière, étudions notre pays au point de vue de sa formation et de sa population civile.

Il est certain que dès la construction du monastère et de l'église abbatiale dans l'ancien Trianciavicum ou Nantum auprès de la vieille église Saint-Pierre, qui existait lors de la donation de Bernard et Udalgarde en 926, une population étrangère vint se grouper tout autour.

Les villages voisins de Nant, Cazic et Maillac aujourd'hui disparus, Ambouls et autres en fournirent probablement les premiers éléments.

Certains en qualité d'ouvriers terrassiers et agricoles, d'autres comme artisans, maçons, carriers, charpentiers, vinrent offrir leur concours aux moines qui, en rémunération de leurs travaux et de leurs services, leur donnèrent en échange la nourriture, les habits, le logement.

La monnaie, qui de nos jours représente le travail acquis, était très rare à cette époque. Tout se payait en nature; cet usage s'est pratiqué presque jusqu'à nos jours dans les campagnes où des domestiques, s'attachant pour la vie à certaines familles de propriétaires, partageaient la nourriture de leurs maîtres, dont ils considéraient l'intérêt comme le leur.

Les abbés de Nant, grands propriétaires dans la contrée, dont les biens s'accroissaient de donations faites chaque jour au monastère, morcelèrent peu à peu le terrain, le donnant à vie, à bail, en toute propriété, moyennant redevance ou dîme à ceux dont ils voulaient récompenser les services.

C'est ainsi qu'ils attirèrent auprès d'eux, ceux qui furent la souche et le noyau de la population. Les uns reçurent un jardin potager, d'autres un champ où s'épanouit la moisson. Peu à peu les coteaux, défoncés et améliorés par des murs de soutènement, produisirent des céréales et se couvrirent de vignes.

Des soins particuliers furent donnés à la culture des plantes textiles. Dans les mas, autour des maisons, à côté du jardin potager étaient les cambières, terrain spécialement réservé à la culture du lin et du chanvre qui, concurremment avec la laine, servaient à la confection des vêtements, d'ailleurs très simples à cette époque. C'est le sarrau avec capuchon qui, plus tard allongé, donna naissance à la robe monacale.

Durant l'hiver, alors que la pluie et la neige empêchaient tout travail agricole, les hommes décortiquaient, cardaient finement les matières ligneuses.

Après le repas du soir, durant les longues veillées, alors que la bise du nord (mademoiselle de Cantobre, comme on l'appelle encore à Nant), poussait ses sifflements plaintifs sous les portes mal jointes, à la lueur d'une chandelle fumeuse ou d'un lumignon huileux, les femmes, les jeunes filles, les chambrières, la quenouille à la ceinture faisaient tourner gaiement, de leurs doigts délicats, les fuseaux agiles.

Assise au coin de l'âtre où flambait la branche de pin résineux la grand'mère, à mi-voix, racontait aux petits des contes de loups-garous, cependant que l'aïeul narrait aux grands les gestes des ancêtres qui, recueillis de génération en génération, formaient alors l'histoire nimbée quelquefois de la brume des légendes. C'était la vie patriarcale, vie heureuse, vie poétique.

L'abbé de Nant était alors comme un véritable père de famille ; il distribuait des secours aux besogneux et les encourageait par des dons. C'était lui qui aplanissait les difficultés, réglait les différends, réprimait les exactions et les querelles.

Il était à la fois législateur et justicier ; et c'est de là que lui vint le droit qu'il conserva longtemps de haute, moyenne et basse justice, prérogative dont il fut jaloux non seulement pour lui mais pour la population monacale et civile.

Le peuple, de son côté, préférait la domination de l'abbé à l'épée du seigneur voisin, comme on le verra plus loin.

A ce droit de l'abbé correspondait un devoir. Ceux qui étaient venus travailler sous ses ordres et sa tutelle, ceux dont il était le maître et le seigneur devaient pouvoir compter sur sa protection, car l'homme a toujours été un loup pour l'homme.

Les diverses compétitions au comtat du Rouergue avaient fait de ce pays le théâtre de querelles intestines qui le couvraient de ruines. Les bandes d'Henri II, réclamant les droits d'Eléonore d'Aquitaine, avaient déjà envahi le pays, les guerres religieuses des Albigeois menaçaient de s'étendre dans nos contrées. Chacun était obligé de se défendre à sa guise, aussi vit-on à cette époque, chaque village, chaque ferme s'entourer de murailles et devenir ainsi un château-fort.

Nant subit la loi commune et fut fortifié. Quelques pans de murs percés de meurtrières existent encore, ainsi que quatre tours bien conservées, presque toutes, sauf une, rabaissées au niveau des maisons qu'elles desservent. Le tout était construit en tuf appareillé, l'épaisseur des murs était de un mètre trente environ.

Trois portes donnaient accès dans l'enceinte : celle de Notre-Dame, au nord, était située au milieu de la rue actuelle de l'église, vis-à-vis la tour du lavoir.

Cette porte, menaçant ruine, fut démolie quelque temps avant la Révolution. Le pourtalet ou poterne donnait accès non loin de la tour du moulin, du côté de l'est. La porte du midi, ou portail solaire, donnait accès au château abbatial.

On peut voir encore dans certaines maisons adossées aux fortifications des couloirs ménagés dans les murs facilitant aux défenseurs l'accès des meurtrières.

Tout autour du mur d'enceinte, un large fossé avait été creusé qui, rempli d'eau par le canal des Vernèdes, contribuait puissamment à la défense de la ville en cas d'attaque. Des jardins l'occupent en partie aujourd'hui, soit du côté de la tour du moulin, soit du côté de celle de l'Ayral. Si on ne peut affirmer à quelle époque ces fortifications ont été construites, ni quel est l'abbé qui, le premier, en fît jeter les fondements, nous pouvons dire qu'elles étaient terminées à la fin du treizième siècle. On verra plus loin que Nant avait vu bâtir ses faubourgs avant l'occupation anglaise.

9. Guillaume IV. — « Guillaume IV, d'après
» la *Gallia* (1), surnommé de Villete est men-
» tionné sur le cartulaire de Gellone en l'an 1269.
» C'est probablement ce Guillaume, surnommé
» de Villete qui donne quittance pour cer-
» taines redevances en 1298. On le mentionne
» encore en 1298 dans la charte du monastère
» de Nonenque. »

Voici ce que nous dit la collection de Doat sur l'abbé Guillaume :

« Quittance des collecteurs de ce qui était
» deub à l'Eglise romaine et à la Terre sainte,
» au diocèse de Rodez en faveur d'un religieux
» de l'abaye de Nant de trente neuf sols, six de-
» niers tournois pour l'estimation de six bisan-
» ces que l'abé debvoit rente à la dite Eglise ro-
» maine — du mardy avant la madeleine 1297. »

Cette quittance était faite par P. de Cabannes, archidiacre de Millau, et Vivian de Montaut, chanoines de Rodez, collecteurs apostoliques, à frère Guilhaume Bompart, moine de Nant, et probablement trésorier de l'abbaye. Elle nous montre comment les monastères contribuaient aux croisades, à la délivrance et à l'entretien

---

(1) *Gall. christ.* : « Guillelmus IV cognomento de
» Villeta an. 1269 ex laudato cartul. Gellon. Fortis
» is est Guilelmus cognominatus Villeta qui quæ-
» dia prædia dat ad acapitum anno 1296. Recense-
» tur adhuc anno 1298 in charta ænonensis monas-
» terii. »

des lieux saints en Palestine. Non seulement ils fournissaient des subsides, mais ils entretenaient, à leurs frais, un religieux pour représenter chaque monastère en Terre sainte.

La chute de Ptolémaïs mit fin à la dernière croisade qui avait été entreprise par saint Louis, en 1270, par conséquent pendant l'abbatiat de Guillaume de Villete.

Un seul geste de l'administration abbatiale de Guillaume nous est connu par un acte dont nous donnons copie intégrale ci-dessous.

Guillaume en tant qu'abbé de Nant, Ricard des Molis recteur de Saint-Martin, Pascal chapelain de Saint-Jacques, agissant comme demandeurs, avaient réuni à la cour seigneuriale vingt-cinq notables de la ville de Nant, dont les noms suivent :

1. Jean Malafosse. 2. Guillaume Cabrieyre. 3. Jean de Viridario. 4. Bernard Fabri. 5. Pierre Fabri. 6. Guillaume Granoluto. 7. Guillaume Bruzcos. 8. Pierre Bruzcos. 9. Ramon Camarati. 10. Sugon des Molis. 11. Jean Bernard. 12. Pierre Cabambi. 13. Pierre Bolnit. 14. Bernard de Callilis. 15. Etienne-Pierre Fabri. 16. Pierre de Saint-Etienne. 17. Ramon Rafael. 18. Ramon Fanar. 19. Guillaume de Trève. 20. Bernard Aymeric. 21. Guillaume de Nogaret. 22. Jean de Viridario, succes-

seur. 23. Bernard Brozelli. 24. Bernard de Mazel. 25. Jean Affaro.

Ceux-ci agissant et délibérant tant en leur propre nom, qu'en celui des habitants de la ville de Nant, pour établir les prémisses ou redevances que tout propriétaire était tenu de faire en blé, grains et légumes de toute nature dans l'étendue des trois paroisses, comme aussi sur celles en fromages dont étaient bénéficiaires Gérald de Liquier, prieur de Dourbies, Pierre de Villaret, prieur de Saint-Sauveur des Pourcils, et Guillaume de Ulmis (les Homs probablement) (1).

---

(1) On trouve le nom de Arnald de Ulmis, clerc, comme témoin dans un acte de 1151, cartulaire de Gellone. (*Rev. Hist. du diocèse de Montpellier*, 15 août 1912. J. Rouquette et Villemagne). L'identification de Ulmis avec les Homs, près de Sainte-Marie-du-Luc (Gard), desservie par les moines de Nant, nous paraît certaine.

« Noverint omnes et singuli præsentes pariter et
» futuri quod anno dominice incarnationis mille-
» simo ducentesimo septuagesimo quinto et diè sep-
» timâ calendas augusti, orta matrica quæstionis in-
» ter venerabilem patrem dominum Guillelmum mi-
» seratione divinâ monasterii Nanthensi abbatem et
» Ricardum des Molis rectorem Sancti-Martini et
» Pascalem de... capellanum ecclesiæ Sancti-Jacobi
» de Nanto nomine suarum ecclesiarum prædicta-
» rum ex unâ parte. Et Joannem Malafossa. Guil-
» lelmum Cabrieyra. Joannem Viridario. Bernar-
» dum Fabri. Petrum Fabri. Guillelmum Granoluto.
» Guillelmum Bruscos. Ramondum Camarati. Su-
» gonem des Molis. Joannem Bernardum. Petrum
» Cabambi. Petrum Bolnet. Bernardum de Callilis.

Nous n'entrerons pas dans le détail de toutes les redevances, qu'il nous suffise de dire que chacun donna son consentement à la stipulation faite à l'amiable et que l'acte fut dressé par M⁰ Bernard de Liquier, notaire public de la ville de Nant, en présence de témoins ci-après

---

» Stephanum Petrum Fabri. Petrum de Sancte-
» Stephano. Ramondum Rafaël. Ramondum Favar.
» Guillelmum de Treve. Bernardum Aymerici.
» Guillelmum de Nogareto. Joannem de Viridario
» successorem. Bernardum Brozilli. Bernardum de
» Mazello et Joannem Affaro, habitatores Nanti seu
» pertinentiarum ejusdem pro se et nomine uni-
» versitatis hominum villæ de Nanto et pertinen-
» tiarum suarum ut dicebant ex alterâ. Videlicet
» super premitiis tam bladorum quam leguminum
» cujuscumque generis fuit, in dictis parochiis,
» dictarum ecclesiarum et super præmiciis caseo-
» rum advenientibus dominis Geraldo de Lique-
» rio priore de Durbiâ et Petro de Villareto priore
» Sancti-Salvatoris de Porcillis et Guillelmum de
» Ulmis et suas partes inter ipsos intervenientibus
» talis transactio, compositio, et amicabilis ordi-
» natio intercessit inter partes, videlicet quod
» quolibet sospicium fossorum dictorum hominum
» et dictæ universitatis laboratium in prædictis
» ecclesiis parochiis dictarum ecclesiarum sive
» aratro teneatur dare pro premiciis ipsis rec-
» toribus dictarum ecclesiarum anno quolibet et
» per perpetuum unum cartalem de frumento
» tantum ex omnibus bladis et leguminibus suis.
» Et proipsis habena tamen de suâ cultura
» decem cestaria bladi vel ultra et habena citra
» decem teneatur dare modium cartalem tan-
» tum etc. etc.
» Est dictum quolibet sospicium teneatur dare
» pro præmiciis de quolibet suo aratro unam emi-
» nam de farinito. Item quolibet sospicium labo-

désignés : Bernard Fabri de Millau, Bernard Rivière de Millau, Guibert de Salesse et Bertrand de Berma.

Cette charte est d'autant plus curieuse qu'elle nous fait connaître la manière dont fut établi le denier du culte vers la fin du XIIIe siècle, sa

---

» rans cum uno bove tantum teneatur dare unum
» cartale de frumento tantum. Item quolibet sos-
» picium faciens cabanam de decem octo urzincu-
» bis (?) vel ultra teneatur dare duos caseos pro
» primitiâ suâ et si minori numero unum tantum
» caseum.
  » Quam ordinationem compositionem et omnia
» supra dicta et singulæ dictæ partes videlicet dic-
» tus dominus Abbas pro se et suis successoribus
» et dicti rectores pro se et suis successoribus et
» nomine dictarum suarum ecclesiarum et pro ipsis
» ex unâ parte. Et præfati homines pro se et pro
» totâ dictâ universitati omnium hominum villæ de
» Nanto... ex alterâ voluerunt approbaverunt et
» confirmaverunt perpetuo...et contra nunquam...
» stipulationem solempni... promiserunt et suum
» fuit (?) transactioni et amicabili compositioni quæ-
» libet pars prœbuit assensum acta fuerunt habi-
» tantes Nanti in aulâ dicti domini Abbatis anno
» et die quibus supra quorum fuerunt testes rogati.
  » Bernardus Fabri de Millavo. Bernardus Riperie
» de Millavo. Guibertus de Salesso. Bertrandus de
» Berma clericus et magistro Bernardus de Lique-
» rio tunc notarius publicus villæ et urbis Nanti
» qui notam de præmissis recépit et in suo libro
» registro sive protocollo eam posuit, etc. »

Le présent extrait a esté tiré de son dressage que j'ay en mon pouvoir à la requision de Me Crystophe Tiffy p[ber] et viquarius dud. St-Martin duement collaôné en foy de quoy me suy soubs à Nant ce 7e februar 1653.

BRUGUIÈRE.

valeur historique n'est pas moins grande non plus parce qu'elle nous prouve que malgré que l'homme fut à cette époque taillable et corvéable à merci, l'abbé de Nant, tout seigneur temporel qu'il était, savait s'entourer d'hommes du peuple qui, réunis comme en une assemblée de répartiteurs, l'éclairaient de leurs conseils. Il savait demander leur avis quand il s'agissait de prélever en faveur de l'Eglise et de ses ministres un impôt, un tribut sur le produit des travailleurs de la terre dont il était en même temps le père.

10. Raimond III lui succéda. Son nom est mentionné en 1310 et 1311, mais il resta abbé jusqu'en 1317 (1).

Nous ne connaissons absolument rien sur l'histoire de Nant à cette époque.

11. Bérenger I fut abbé de Nant de 1317 à 1325 (2).

« Le pape Jean XXII publie, en 1317, une
» bulle qui relève l'abbaye de Vabres de toute
» dépendance de l'évêque de Rodez et de l'abbé
» de Saint-Victor de Marseille ; il érige le vil-
» lage en cité, l'église en Cathédrale et démem-

---

(1) *Gall. christ.* : « Raimundus III, annis 1310 et 1311. »

(2) *Gall. christ.* : « Berengarius I, annis 1317-1325. »

» bre cent trente paroisses du diocèse de Rodez
» pour en former celui de Vabres. Le Tarn au
» nord, la Dourbie à l'est, l'Albigeois, les évê-
» chés de Castres et de Lodève sur les autres
» points, telles sont les limites assignées à ce
» diocèse, suffragant de Bourges, jusqu'à l'érec-
» tion d'Albi en archevêché, en 1876. L'abbaye
» de Nant, de Sylvanès et de Nonenque firent
» partie de l'évêché de Vabres. Pierre d'Olar-
» gues, dernier abbé du monastère de Vabres,
» fut le premier évêque du nouvel évêché (1).

En 1317, une assemblée de notables ayant été convoquée par le roi, Raymond de Roquefeuil, comtor de Nant, n'ayant pu y assister, envoya sa procuration.

« A l'occasion de la guerre de Flandre, deux
» ans après, le même Raymond de Roquefeuil,
» son frère Arnaud seigneur de Combret et au-
» tres damoiseaux se présentèrent devant le sé-
» néchal du Rouergue pour obéir au comman-
» dement du Roy qui leur avait ordonné de se
» trouver à Arras avec armes et bagages (2). »

C'est sous Bérenger I qu'une aumône de cent setiers de blé et cent setiers de mixture fut faite aux pauvres de Nant, et que le fermier des moulins appartenant au monastère devait fournir en nature pour prix de son fermage.

---

(1) Abbé XXX, notice sur Saint-Pierre de Nant.
(2) Baron de Gaujal.

L'acte de fondation de cette aumône, dont il est fait mention dans une délibération des consuls en 1775, porte que les fondateurs avaient voulu récompenser les habitants de Nant, dans la personne des pauvres, des dons, des largesses, des travaux de toute sorte qu'ils avaient faits au monastère de tout temps et qui, tournant à son profit, avait grossi ses revenus. « Scientes et manifestè cognoscentes bona et reditus monasterii esse augmentata tam ex largitione fidelium quam ex agriculturâ. »

La distribution de cette aumône fut faite sous plusieurs formes. Ce fut d'abord l'aumônier du monastère qui distribua le blé et les autres grains à la porte du monastère. Plus tard, ce fut sous forme de pain qu'on la donna, le dimanche, à la porte de l'abbatiale, jusqu'à concurrence des deux cents setiers. Mais comme dans la suite cette distribution présenta des inconvénients très graves, le riche se présentant pour recevoir cette aumône en même temps que le pauvre, l'abbé de Nant demanda, en 1745, au roi, la création d'un bureau de charité dont les membres discerneraient les vrais d'avec les faux nécessiteux.

On verra, plus tard, comment cette aumône fut enlevée aux pauvres, malgré les protestations des membres du bureau de charité, lors de la suppression définitive des religieux.

12. Bernard III. — « Bernard III, en 1325,
» au mois de juin, rendit une ordonnance au
» sujet de l'élection des gardes du sceau du cou-
» vent et des gouverneurs des biens nobles. Il
» abdiqua en 1333 et vivait encore en 1334 (1). »

La collection de Doat : « Ordonnance faite
» par l'abé de Nant suivant le pouvoir à luy
» donné par le chapitre sur l'élection des gar-
» des et gouverneurs du sceau du couvent et
» des biens nobles et sur l'ordre par lequel ils
» devaient sceler, garder et régir les dits biens
» du 8 juin 1325. »

L'importance qu'avait pris le monastère à cette époque, son développement intérieur, en avaient fait comme une république demandant de l'ordre et une bonne gestion.

L'abbé de Nant qui ne tenait ses pouvoirs seigneuriaux que de l'élection ne fait rien d'important sans consulter son Chapitre composé de dignitaires ; le prieur, l'aumônier, l'infirmier, le sacristain, le chantre, le cellérier, le camérier, etc. Le besoin d'établir des règles pour l'ordre et l'intérêt général du monastère s'étant fait sentir, Bernard, après avis, promulgue une ordonnance sur l'élection des gardes

---

(1) *Gall. christ.* : « Bernardus III, an. 1325 et junii
» quædam statuit de formâ eligendi custodes sigilli
» conventus et bonorum nobilium. Abdicavit 1333
» et vivebat adhuc 1334. »

et gouverneurs du sceau. C'était un règlement concernant probablement l'archiviste, les copistes et scribes, messagers et porteurs de missives, en un mot ceux qui, à un titre quelconque, pouvaient disposer du sceau du monastère, lequel était alors : d'argent à un chêne accoté d'une crosse et d'une mitre abbatiale de même avec le mot Nant, écu en feston d'or.

Cette ordonnance devait aussi régler la conduite des religieux préposés à la garde et à l'entretien du mobilier de l'église tel que croix, vases sacrés, ornements, etc., comme aussi à la vaisselle d'argent de l'abbé et des dignitaires.

Un règlement spécial dût être encore établi pour la perception et la gestion des dons et revenus des nombreux bénéfices dont jouissait alors le monastère chargé de pourvoir à l'administration des 17 paroisses précitées.

Bernard III abdiqua en 1333. Les raisons de cette démission nous sont inconnues. Etait-ce le poids des ans et les infirmités qui l'y avaient déterminé, ou bien des difficultés survenues dans son administration abbatiale ? Toujours est-il qu'un an après il vivait retiré dans le monastère.

13. Bérenger II, l'an 1333 et le samedi veille de saint Jacques, après avoir pris le con-

Intérieur de l'Église de ...

CANTOBRE

sentement de ses frères, décida qu'on ne recevrait que vingt moines dans le monastère.

C'est sans doute le même que Bérenger de Valhauquès, noble de naissance, abbé de Nant, qui en 1334 fonde un anniversaire dans l'église de Saint-Genès de Lodève.

C'est aussi probablement le même dont il est fait mention dans le nécrologe d'Aniane : Le XI des calendes de juillet, obit de D. Bérenger, autrefois abbé de Nant, dont il est perçu 25 sous (1).

Collection de Doat : « Statuts faits par Béren-
» gier abé et les religieux de Saint-Pierre de
» Nant en Rouergue de l'ordre de sainct Benoist
» par lesquels il ne pourra être reçu des reli-
» gieux au delà du nombre vingt ; que les deb-
» tes, gages et sallaires des officiers de l'abé ou
» des religieux décédés seront payés sur leurs
» biens, que la vaisselle d'argent de l'abé ou au-
» tre bénéficier sera appliquée à la fabrique ou
» à l'ornement de l'église et qu'ils pourront or-

---

(1) *Gall. christ.* : « Berengarius II, anno 1333, sab-
» bato in vigiliâ sancti Jacobi cum consensu fra-
» trum constituit non plures quam 20 monachos in
» monasterio recipiendos. Id est hand dubiè Beren-
» garius de..... blanquerio (Valhauquesio) genere
» nobilis abbas Nant..... qui fundat an. 1334, anni-
» versarium in ecclesiâ Sancti-Genesii Lodovensis.
 » Forte idem quoque est de quo in nécrologio
» Anianensi : XI kalend. julii, obitus D. Bérengerii
» olim abbatis Nantensis pro quo datus 25 solviti. »

» donner à quels ouvrages ou ornements ils
» veulent qu'ils soient employés, du samedi
» veille de saint Jacques apotre 1333. »

La famille Bérenger de Valhauquès tenait, au moyen âge, un rôle assez important parmi la noblesse méridionale ; en 1174, elle était feudataire de Guillemette de Montpellier. (Cart. de Gellone.)

Il est fort probable que Bérenger, avant sa nomination à l'abbatiat de Nant, avait été moine d'Aniane et c'est en souvenir de son séjour dans ce monastère qu'on aurait mentionné sa mort dans le nécrologe de l'abbaye qui relevait de l'évêque de Lodève.

Aussi voyons-nous Bérenger II, mû par quelque sentiment de reconnaissance, fonder un anniversaire perpétuel dans la cathédrale de Lodève, dédié à Saint-Genès.

Cet abbé, en mettant sur sa tête la mitre abbatiale, avait assumé une lourde tâche. Les difficultés qui avaient peut-être déterminé la démission de son prédécesseur, Bernard, durent être, en partie, solutionnées par une décision grave : celle de ne recevoir que vingt moines dans le monastère.

Nous ignorons les raisons qui forcèrent cet abbé à prendre cette détermination.

Cependant, en 1333, dit M. Espérandieu dans sa notice sur Saint-Pierre de Nant, « les moines

» de l'abbaye sont en pleine révolte; des dis-
» cussions continuelles se produisent entre eux
» et l'abbé, et la paix ne se rétablit qu'à l'arri-
» vée d'un délégué de Saint-Victor de Marseille
» qui fait constater sa mission par un procès-
» verbal fort long et assez curieux conservé
» aux archives de la paroisse ».

Nous n'avons trouvé aucune trace de ce procès-verbal qui a disparu avec les autres documents ainsi qu'il a été dit plus haut.

Nous devons d'autant plus déplorer la perte de ce procès-verbal qu'il nous aurait expliqué la démission de certains abbés, comme aussi les efforts incessants de l'abbaye de Saint-Victor de Marseille désirant étendre sur celle de Nant une juridiction effective. Cependant, d'après le témoignage d'une personne honorable et digne de foi, qui a lu autrefois ce document et nous l'a décrit, il paraîtrait que les moines prêtres de cette époque, presque tous cadets de riches familles, étaient quelque peu jouisseurs, aimant la bonne chère, affectant parfois un certain mépris pour ceux qui, ne portant point la particule, étaient issus du vulgaire ; considérant le monastère comme une simple maison presbytérale dans laquelle ils devaient tranquillement jouir des bénéfices attachés aux diverses paroisses qu'ils desservaient. De retour au cloître, ils se faisaient servir leur repas non au réfectoire commun mais dans leurs chambres usant de vaisselle d'argent qui leur appartenait en propre. Tantôt ils se plaignaient de la nourriture, d'autres fois c'était le vin qu'ils trouvaient peu généreux et aigre-vert ; et, comme l'abbé était obligé de ménager les revenus du monastère pour nourrir les autres frères convers, laïques ou militaires qui existaient à cette époque, on s'explique très bien la détermination qu'il prit de réduire à vingt le nombre de religieux et de fermer désormais les portes du monastère à d'autres que les attraits de la vie religieuse pouvaient y appeler.

Ce fut, paraît-il, l'abbé de Saint-Victor qui vint, en personne, procéder à l'enquête. Le premier acte de subordination qu'il imposa aux moines mécontents, réunis dans la salle capitulaire, fut de demander, à genoux, pardon à l'abbé de Nant, puis il écouta leurs doléances.

Les novices eux-mêmes se permettaient quelquefois certaines licences ; rompant la clôture, ils allaient prendre des repas en ville chez des particuliers laïques. Des châtiments corporels, qui nous choqueraient aujourd'hui, étaient alors en vigueur ; les verges étaient parfois appliquées sur le vif et sur la partie la moins noble ; un jeune novice, sollicité de déposer dans un certain sens dans l'enquête, ne voulut point parler contre la vérité, craignant ce genre de châtiment, lisait-on, paraît-il, dans ce document.

L'abbé Bérenger édicta-t-il son nouveau règlement à l'occasion de dettes contractées par quelque moine ou quelque officier, et que le trésor de l'abbaye dut payer ? Voulut-il supprimer le faste et le luxe indigne d'un monastère et donner lui-même l'exemple en ordonnant que désormais la vaisselle d'argent serait supprimée pour tous et affectée à la confection de vases sacrés et à l'ornementation de l'église ? Ce règlement, qui l'honore, fut approuvé par Raymond d'Oliargues, évêque de Vabres.

Le nécrologe d'Aniane mentionne sa mort survenue au mois de juillet 1334.

14. Raimond IV lui succéda et mourut en 1342 (1).

Rien de personnel sur le règne abbatial de Raimond IV.

« La guerre de Flandre n'était pas encore ter-
» minée lorsque, en 1341, les Anglais attaquè-
» rent la Guienne ; indépendamment des hom-
» mes levés dans le comté de Rodez et dans les
» terres des seigneurs, la sénéchaussée du Rouer-
» gue envoya en Picardie et en Gascogne 326 ser-
» vants qui avaient été fournis par les commu-

---

(1) *Gall. christ.* : « Raimundus IV obiit 1342. »

» nes et les abbayes. Celle de Nant procure
» quatre hommes. » (De Gaujal.)

A la bibliothèque de l'école des Chartes, vol. 44, un manuscrit latin donne la liste de toutes les paroisses de la sénéchaussée du Rouergue, en 1341, baillie par baillie avec le nombre de feux existant par paroisse.

« Ce Pouillé a le grand avantage d'être anté-
» rieur aux ravages des grandes compagnies et
» à la peste noire ; depuis plus de cent ans, en
» 1341, le Rouergue n'avait été le théâtre d'au-
» cune guerre importante. Les campagnes de
» Flandre et de Gascogne lui avaient, il est vrai,
» imposé de lourdes charges, avaient appauvri
» tous les habitants et fait périr plus d'un chef
» de famille, mais la position géographique du
» pays lui avaient épargné les ravages dont les
» côtes du Languedoc et la Guienne eurent tant
» à souffrir à cette époque. »

Voici le relevé de Nant et villages environnants :

541	de Nanto et sancti Martini et beatæ Mariæ de Caslus (probablement les Cuns)...............	304 feux.
542	de Cantobre et de sancto Salvatore	59 feux.
534	de la Cavaleria.................	69 feux.
535	Hospitalis Guiberti (l'Hospitalet).	60 feux.
537	dels Effrus....................	16 feux.
538	de la Corbeytoirada............	135 feux.

539 de Sencleyras... .... 96 feux.
540 sancti Johannis de Brolio cum parochià del ga (Algues)...... 171 feux.

Par feu on entendait la réunion des habitants d'une même maison vivant sous le même toit ; ce qui ne permet pas d'évaluer le nombre d'habitants.

D'après ce relevé, nous voyons que la population de Nant allait croissant, ses habitants de serfs et vilains étaient devenus artisans, bourgeois et petits propriétaires. « En 1302, dit Bosc,
» le roi envoya dans le Rouergue trois commis-
» saires : Richard, Assemard de Lisieux et Guil-
» laume de Giscar avec ordre d'y abolir la ser-
» vitude, de donner la liberté aux serfs de ses
» domaines, de les faire jouir de tous les droits,
» franchises et immunités des bourgeois et d'en-
» gager en même temps les seigneurs du pays à
» affranchir ceux de leurs terres, afin qu'ils
» pussent jouir des mêmes privilèges que les
» hommes libres de son royaume. »

Nous avons vu que Nant n'était point resté en arrière.

Construction de l'Eglise Saint-Jacques.

La plaine et les coteaux défrichés nourrissaient une population très dense et trop resserrée dans l'enceinte des fortifications.

Nant avait vu bâtir ses faubourgs ; son église abbatiale, malgré l'adjonction de deux chapelles, était insuffisante.

La construction d'une nouvelle église fut décidée. Elle fut très probablement érigée sur l'emplacement de l'ancienne chapelle, dédiée à saint Jacques, qui existait à Nant, en 1135, lors de l'érection du monastère en abbaye et que nous avons vue desservie, en 1275, par le moine Pascal, chapelain.

Nous ne pouvons assigner une date exacte à sa construction. Cette église qui existe encore aujourd'hui était de style ogival flamboyant, n'avait qu'une nef avec arc triomphal et chapelles latérales. Les registres de l'état civil qui furent inaugurés dans cette église, en 1585, nous indiquent qu'il y en avait six, nous donnant seulement le nom de deux. L'une était désignée sous le vocable de Notre-Dame de la Pitié, l'autre portait le nom de Sainte-Croix. Cette dernière fut plus tard le siège de la Confrérie des maçons, carriers, couvreurs, dont les statuts sont aussi conservés dans les mêmes registres. La belle rosace que l'on voit encore déversait la lumière par le couchant, deux fenêtres trilobées éclairaient le chœur vers l'orient. Chaque chapelle avait aussi son ouverture. La construction de cette église a été faussement attribuée dans le livre de paroisse aux Anglais qui la fréquentèrent durant leur séjour à Nant et l'appelèrent Saint-James, car les Anglais n'ayant possédé le Rouergue que pendant 9 ans et par une souveraineté, presque purement nominale, n'ont pas plus construit à Nant qu'ailleurs.

Une pierre carrée portant le millésime de 1613 avec armoiries et crosse sculptées était naguère au-dessus de l'autel, commémorant un fait saillant, une restauration, son retour au culte après les guerres religieuses ou sa consécration. Emportée par le propriétaire actuel, ainsi que le trilobe d'une fenêtre, cette pierre gît dans une cour du château de Beauvoisin.

Désaffectée avant la Révolution, elle vit son culte transféré dans l'abbatiale en 1786, malgré la résistance d'une partie de la population du faubourg haut, car plusieurs familles y possédaient dans l'intérieur de certaines chapelles les tombeaux de leurs ancêtres.

Vendue comme bien national, elle sert aujourd'hui d'affenage et ressemble à un cadavre dépouillé de ses plus beaux joyaux.

Un cimetière l'entourait complètement et ce n'est qu'en le traversant qu'on avait accès dans l'église dont la porte était côté sud-ouest.

La population y fut enterrée jusqu'en 1850. Une partie de ce cimetière fut vendue par la commune à des particuliers, l'autre fut convertie en place publique lors du transfert des ossements dans le cimetière actuel en 1861.

C'était un lundi de Pâques, au retour de la procession sur le Saint-Alban. A l'*Alleluia* joyeux avait succédé le *De profundis*. Une longue théorie de onze tomberaux recouverts de draps funèbres attendait à l'extrémité du faubourg St-Jacques, autour d'eux quelques Pénitents blancs âgés et infirmes qui n'avaient pu suivre leurs confrères sur la montagne formant garde d'honneur communiaient par le souvenir avec ces restes de quatre siècles.

Le cortège se rendit au nouveau cimetière. Là le vénéré curé Ressiguier donna à ces débris un dernier rendez-vous dans la vallée de Josaphat dans un discours qui dut être éloquent, nous étions parmi les enfants et vîmes alors des larmes couler des yeux de nos mères.

15. Pierre. — « Pierre succéda à Raimond IV
» le 8 mars 1343. Il séjourna presque tout le
» temps auprès du pape à Avignon (1).

» Les moines de Nant lui firent un procès
» pour avoir, sans leur consentement, cédé à

---

(1) *Gall. chr.* « Petrus anno 1343 die 8 martii in
» curiâ Romana morabatur.
» In jus vocatus est à monachis, quod sine ipso-
» rum consensu conventionem et pacta fecisset
» cum Arnaldo de Rocafolio milite super alta jus-
» ticia de Nant. Anno 1346 monachi litteras regias
» obtinuerunt adversus Arnaldum. »

» Arnaud de Roquefeuil comtor de Nant dans
» pacte conclu avec lui son droit de haute jus-
» tice sur Nant. En 1346 les moines obtinrent
» du roi des lettres contre Arnaud. »

Collection de Doat : « Acte de l'oposition faite
» par les religieux du monastère de Nant, à l'a-
» cord que l'abé avait fait avec Arnaud de Ro-
» quefeuil sur la haute justice du lieu et terroir
» de Nant, de laquelle il prétendait que le Roy
» lui en avoit fait don. (8 mars 1343).

» Lettre du Roy Philippe 6 au sénéchal du
» Rouergue, par laquelle il lui ordonne de main-
» tenir l'abé et les religieux de l'abaye de Nant
» en la pocession de la juridiction ou lieu et
» terroir de Nant en laquelle ils étaient trou-
» blés par Arnaud de Roquefeuil sous prétexte
» de quelques lettres qu'il disait avoir de sa
» majesté, de la dite juridiction du 21 décem-
» bre 1346. »

Raymond Blanchi était alors prieur claustral de l'abbaye et agissait au nom de tous les religieux, pour conserver intactes les prérogatives dont jouissaient les abbés de Nant en tant que seigneurs du lieu.

D'après le droit de haute justice, l'abbé avait le droit de connaître seul des crimes qui entraînaient peine de mort, peine afflictive, peine infamante. Celui de moyenne renfermait la connaissance des causes civiles sans distinction, et les criminelles lorsque l'amende n'excédait pas soixante sols. La justice basse n'emportait dans sa juridiction que la connaissance des causes civiles jusqu'à trois livres.

Pour exercer cette justice en son nom, l'abbé nommait des officiers qui devaient probablement résider dans le monastère, ainsi que les moines laïques qui lui servaient parfois d'escorte quand il se rendait aux Etats du Rouergue où il avait le droit de siéger.

Ne voulant point courber la tête sous le sabre d'Arnaud de Roquefeuil, en véritables traditionnalistes, agissant tant dans leur intérêt qu'au nom de toute la population civile, les moines intentèrent un procès à leur abbé lui déniant le droit de déléguer ses pouvoirs à un laïque. Le procès dura trois ans et fut rendu en leur faveur par une lettre de Philippe VI au sénéchal du Rouergue Guillaume Roland.

Comme le rôle qu'Arnaud de Roquefeuil tint à Nant lors de l'occupation anglaise va devenir très important, il nous paraît bon d'établir sa généalogie et prouver qu'il n'était pas un inconnu dans nos contrées justifiant ainsi le titre de comtor de Nant qu'avait pris ses ancêtres.

Adélaïde de Roquefeuil avait épousé en 1129 Bernard d'Anduse, à condition que les enfants qui naîtraient de ce mariage porteraient le nom d'Anduse de Roquefeuil.

Leur fils, Raimond d'Anduse de Roquefeuil s'unit à Guillaumette de Montpellier.

De ce second mariage naquirent : 1º Raimond de Roquefeuil, chef de la branche aînée et dont la fille entra dans la maison des comtes de Rodez, 2º Arnaud de Roquefeuil, chef de la branche cadette. Le château d'Algues et dépendances, Nant, St-Jean-du-Bruel, Sauclières, St-Michel-de-Roubiac, etc., passèrent à ce dernier qui prit le titre de comtor de Nant, qualification qui venait après celle de vicomte (de Gaujal).

Arnaud de Roquefeuil, 1er comtor de Nant, marié à Béatrix, fille de Constance, reine de Navarre, eut un fils Guillaume de Roquefeuil, qui, gouverneur de Montpellier, fut envoyé en 1258 en qualité d'ambassadeur au roi de France pour un traité de paix entre Louis IX (saint Louis) et le roi d'Aragon.

Le fils de Guillaume, Raimond de Roquefeuil, épousa Vaurie d'Albret en 1287.

« En 1319, dit de Gaujal, Raimond de Roque-
» feuil comtor de Nant, Bérenger d'Arpajon
» Arnaud de Roquefeuil, seigneur de Combret,
» et autres damoiseaux se présentèrent devant
» le sénéchal du Rouergue afin d'obéir au com-
» mandement du roi qui leur avait ordonné de
» se trouver avec armes et chevaux à Arras
» pour la guerre de Flandre », etc.

« Enfin Arnaud de Roquefeuil, qui succéda
» à son père comme comtor de Nant, fit long-
» temps la guerre avec le roi de Majorque son
» cousin, lequel fut forcé de lui céder en 1348
» par l'entremise du pape Clément VI plusieurs
» terres et domaines considérables en Langue-
» doc et dans les Cévennes. Ce même Arnaud
» de Roquefeuil fut ambassadeur, auprès du
» roi d'Aragon, de la part de Jean roi de France
» pour traiter du mariage du duc d'Anjou son
» fils avec l'infante d'Aragon ». (Bosc, p. 309).

C'est sous l'abbatiat de Pierre en 1348 que la peste fit son apparition ; elle fut générale en Europe et emporta le tiers de la population. Son invasion dans notre vallée fut annoncée par un drapeau noir qui resta planté sur le cloître jusqu'au jour où elle disparut complètement (livre de paroisse). Gilbert de Cantobre, évêque de Rodez, ordonna à l'occasion de cette peste qu'une procession serait faite une fois par semaine dans toute l'étendue de son diocèse.

16. Durand I. — « Durand I, l'an 1354 et le
» dix avril paye à Guillaume évêque de Tuscule
» cardinal et camérier du dit collège des cardi-
» naux 25 florins d'or pour le service commun
» du dit collège et un florin d'or pour le service
» particulier des cardinaux.

» L'année suivante le 19 septembre, il verse

» 50 florins d'or pour la chambre papale, d'a-
» près la quittance d'Etienne, archevêque de
» Toulouse camerier du Pape (1). »

La collection de Doat confirme ainsi qu'il suit ces divers documents.

« 1º Quitance de Guillaume évêque de Tuscu-
» lum, cardinal et camerier du collège des car-
» dinaux en faveur de Durand abé de Nant, de
» vingt-cinq florins d'or pour la part de sa part
» du service commun auquel il estait obligé
» envers le dit collège et un florin d'or vingt-
» cinq sols cinq deniers pour la part du service
» de la famille des dits cardinaux, du 10 avril
» 1354.

» 2º Quitance d'Estienne archevêque de Tou-
» louse, camerier du pape en faveur de Durand
» abé de Nant de 50 florins d'or qu'il devait à la
» chambre du pape et de 7 florins d'or 12 sols
» 6 deniers pour l'entier paiement de 4 services
» des domestiques et officiers du Pape avec ab-
» solution de l'excomunication encourue pour

---

(1) *Gall. christ.* « Durandus I anno 1354 die 10
» april. solvit Guillelmo episcopo Tusculano et car-
» dinali camerarioque collegii cardinalium 25 flo-
» renos auri pro servitio communi erga dictum col-
» legium et florenum aureum pro cardinalium fa-
» milià. Anno sequenti 19 septembris pendit ca-
» meræ papæ 50 florenos aureos et septem ejus fa-
» miliæ, ex schedulâ Stephani Tolosani Archiepis-
» copo Papæ camerarii ».

» n'avoir pas payé au terme du 19 septembre
» 1354.

» 3º Acte sur la visite faite de l'abaye de Nant
» comme suiette (sujette) immédiatement au
» Saint-Siège par l'archiprêtre de Bélayco Jean
» de Palmés du diocèse de Cahors, nonce du
» Saint-Siège, commissaire député par bulle du
» pape Innocent VI y insérée pour la visite des
» monastères, chapitres, collèges séculiers et ré-
» guliers des ordres de Saint-Benoist, Saint-Au-
» gustin, Clunni, Cistaux, prémontrés et autres
» exempts de la visite des ordinaires par privi-
» lège ou par coutume dans le diocèse de Rodez,
» de Cahors, Tulle, Albi et Castres du 16 février
» 1356. »

Ces divers documents sont intéressants en ce qu'ils nous indiquent comment se faisait la perception des revenus que l'église avait établis pour son administration temporelle, sur les prieurés, abbayes, bénéfices, etc., au prorata de leur importance et de leurs richesses.

Les prélats collecteurs ne transigeaient point ; l'excommunication était une mesure disciplinaire dont on usait beaucoup à cette époque et qui avait plus d'effet que de nos jours.

Pour n'avoir pas payé au temps voulu, l'abbé de Nant, Durand, sentit peser sur sa tête la sentence qui l'excluait de la communion des fidèles ; aussi, s'empresse-t-il de s'en faire absoudre, en opérant l'entier paiement le 19 septembre 1354.

17. Gaillard I. — « Gaillard I défendit l'in-
» dépendance de son monastère contre Oger,
» abbé de Saint-Victor de Marseille, qui revendi-
» quait en sa faveur toute juridiction sur cette
» abbaye et en appela devant le Saint-Siège.
» Innocent VI chargea l'officialité des diocèses
» de Vabres, Lodève et Nîmes de résoudre le
» litige, par bulle datée du V des calendes de
» novembre la sixième année de son pontificat,
» ou du Christ 1357 ou 1358.

» Dans la suite l'abbé de Nant et les moines
» consentirent à payer à Saint-Victor en signe
» de sujétion et annuellement 4 francs d'or d'a-
» près une convention faite le 12 février 1380 (1). »

Collection de Doat : « 1º Bulle du pape Inno-
» cent par laquelle il commet les officiaux de
» Vabres, de Lodève et de Nîmes pour juger le

---

(1) *Gall. chr.* : « Gaillardus I pro libertate sui
» monasterii pugnavit adversus Ogerium abbatem
» sancti Victoris Massiliensis qui sibi vindicabat
» jurisdictionem in illud et ad sedem apostolicam
» provocavit. Qua propter Innocentius VI commisit
» officiales Vabrensem, Lodovensem et Nemausen-
» sem ad hanc litem dirimendam, bullâ datâ V kal.
» nov. anno 6 suî pontificatûs seu Christi 1357 ant
» 58. Postea abbas Nantensis et monachi consense-
» runt solvere sancto Victori in signum subjectio-
» nis annuatim 4 francos aureos, pacto facto, die
» 12 febr. ann. 1380. »

» procès sur l'apellation interjetée au Sainct-
» Siège par Gaillard, abé et le couvent de Nant
» des ordonnances fait par Ogier abé de Sainct-
» Victor de Marseille, prétendant avoir droit de
» visite, juridiction et supériorité sur le dit
» couvent, 5° kalendas novembris pontificatus
» anno sexto 1356.

» 2° Donation faite par Guibert Ademard de
» Cantobre au monastère de Nant, d'une mai-
» son en la ditte ville de Nant dont il réserve
» l'usufruit à Jean de Robiac infirmier du dit
» monastère pendant sa vie et oblige les religieux
» de célébrer un service solennel et annuel
» pour son âme et par exprès pour les âmes du
» dit Jean de Robiac, de ses père et mère, frè-
» res, sœurs, bienfaiteurs et de tous ceux de sa
» famille, du 16 juin 1361.

» 3° Bulle du pape Urbain V par laquelle il
» prend soubs sa protection tous les monastè-
» res, prieurés, offices et bénéfices et autres
» lieux réguliers d'hommes et de femmes sub-
» jects au monastère de Sainct Victor de Mar-
» seille et les exempte de la juridiction des ar-
» chevesques, évesques et autres juges ordinaires
» les déclarant sujets au Sainct Siège en payant
» seulement tous les ans un bezant d'or à l'église
» romaine 4° nonas Januarii pontificatus
» anno 1° 1362.

» 4° Bulle du pape Urbain V par laquelle il

» donne pouvoir à l'abé et au monastère de
» Sainct-Victor de Marseille de l'ordre de Sainct-
» Benoit dépendant immédiatement du Sainct-
» Siège et à tous les abés et prieurs sujets au dit
» monastère, de faire réconcilier leurs églises et
» leurs cimetières en cas de pollution par un
» prêtre suffisant et capable. 1363. »

Nous avons vu la lutte que les moines de Nant avaient engagée contre Arnaud de Roquefeuil pour la revendication de leurs droits. Un nouveau danger menaçait leur indépendance. Prenant prétexte de l'érection de l'abbaye de Vabres en évêché, l'abbé de Saint-Victor de Marseille qui n'avait point désarmé, ainsi que ses prédécesseurs, depuis la donation de Pons d'Etienne, renouvela ses prétentions sur Nant et réclama le droit de visite et juridiction sur les moines.

Suivant en cela l'exemple des anciens abbés de Nant, Gaillard refusa de courber la tête, et en appela au pape.

Le procès dura plus de vingt ans. Aucune solution n'intervenant, les religieux de Nant, dans un but de pacification, consentirent à payer, en signe de sujétion, une redevance annuelle de 4 francs d'or à l'abbaye de Marseille.

On ignore quelle était la maison objet des libéralités de Guibert Adhémar de Cantobre, dévolue au monastère après le décès de Jean de

Robiac. L'infirmier était un dignitaire du couvent qui, peut-être aussi, remplissait le rôle de médecin.

Un autre fléau aussi redoutable que la peste allait fondre sur notre pays. Celui des routiers, bandes armées, courant le pays pour le saccager. « L'origine de ces brigands remonte au
» XIIe siècle au moins, on les appelait (ruptua-
» rii) routiers, gens pillards, destructeurs, in-
» cendiaires, armés et enrégimentés, ils pas-
» saient leur temps à ravager les campagnes
» lorsqu'ils ne servaient pas aux princes et aux
» seigneurs allant en guerre les uns contre les
» autres, sans foi ni loi, sans frein d'aucune
» sorte, bravant les foudres de l'Eglise, se mo-
» quant de la religion, prenant plaisir au con-
» traire à rançonner les prêtres, les moines, les
» évêques; tous ces hommes d'armes joignaient
» à l'impiété la plus profonde immoralité et la
» plus féroce barbarie. » (Rouquette, *Le Rouer-
» gue sous les Anglais.*)

C'est ce qui explique la bulle du pape Urbain V par laquelle il prend sous sa protection tous les monastères et aussi la réconciliation des églises polluées par ces brigands.

A cette époque, de graves événements se passèrent dans le Rouergue.

Par le traité de Brétigny (mai 1360), notre pays était séparé de la France : son passage sous la domination de l'Angleterre s'effectua sans aucun désordre ni violence.(Rouquette,id.)

La transmission des pouvoirs s'était faite à Millau le 18 février 1362. On ignore la date où elle se fit à Nant.

Les anglais avaient pris le moyen véritable de se faire accepter ; ils n'innovèrent rien, respectèrent les droits acquis, confirmèrent les libertés, coutumes et franchises, conservèrent la langue.

Une ère de paix et de tranquillité dans ces conjonctures paraissait s'ouvrir dans notre pays, mais la présence des routiers avait été déjà signalée, en 1361, dans le Vabrais, à Millau.

La Haute-Marche dont Nant faisait partie extrême était aussi infestée par le passage de ces bandes.

Arnaud de Roquefeuil était alors au château de Creyssels qu'il tenait de sa nouvelle épouse. Le vicomte de Fezenzaguet qui descendait de la branche aînée de Roquefeuil, par les comtes de Rodez, l'en fit expulser par des bandes ainsi que le rapporte le livre du consul boursier de Millau de cette époque.

« En 1362, le vendredi huit avril, nous vin-
» mes à savoir que quelques compagnies de
» gens d'armes s'étaient rendues à Creissels ;
» il nous fut rapporté qu'elles y avaient été

» envoyées par le vicomte de Fezenzaguet et
» qu'elles s'emparèrent du dit château qu'occu-
» pait alors M. Arnaud de Roquefeuil, le tenant
» de sa nouvelle épouse (1). »

Expulsé de Creyssels, Arnaud de Roquefeuil se retire à Algues.

« Le mercredi treize avril de grand matin,
» nous apprend le livre du consul boursier, Gui
» de Cablat remit une lettre aux consuls dans
» laquelle M. Arnaud de Roquefeuil faisait con-
» naître aux membres du conseil ce qui s'était
» passé sur le fait de la prise de Creissels plu-
» sieurs choses qui devaient rester secrètes. »

Il fut en effet décidé que puisque le secret sur ces choses devait être gardé et non livré au public, on convoquerait six seigneurs dn conseil privé et six seigneurs du conseil de l'Esquille d'après le règlement du Conseil. Ainsi fut-il fait. La décision du conseil fut d'envoyer deux délégués à M. Arnaud de Roquefeuil qui s'était retiré à Algues (1).

---

(1) 1362. « Divenres à VIII dabril lo mati nous
» venc à sabé vengrou à Creissels alqunas com-
» panhas de gens darmas lascals nos fon réportat
» que els erou aqui venguts per lo viscomte de
» Fezenzaguet loscals peirou lo digh castel local
» tenia Moss. Arnal de Rocafuelh per sa nova
» molher. »

(1) « Dimecrés ha XIII dabril lo gran mati baillet
» ols cossols en Guigo de Cablac 1º lettra local tra-
» metia al cossolat moss. Arnal de Rocafuelh quem

Quelles étaient donc ces choses si secrètes relativement à l'expulsion d'Arnaud de Roquefeuil de Creissels. Demandait-il du secours aux Millavois ? voici qui semblerait l'insinuer. »

« Vendredi vingt-deux avril d'après la déci-
» sion du conseil de l'Esquille une lettre fut en-
» voyée à Pierre Guitard de Compeyre qui com-
» mandait à Peyrelade, au sujet de la petite
» troupe que M. Arnaud de Roquefeuil y avait
» établie et qui d'après ce qu'on avait rapporté
» menaçait tout homme de Millau d'être fait pri-
» sonnier dans le cas où il traverserait ce lieu.
» Chose que l'on ignorait parce qu'on ne l'avait
» pas dit au capitaine (1) ».

Le roi d'Angleterre avait érigé l'Aquitaine en

» trametia sobre lo fagh della preza de Creiselh en
» lacal explicava alqunas causas secretas, e fon vit
» que las causas que contenian las letras eron molt
» secretas e non devian publicar ni aconselhar am
» gram nombre del conselh. Per que ton vist que
» fossem hapelats VI senhors del cosselh secret et
» VI senhors del couselh de Lesquilla si contre els
» estatuts del consulat losquals acosselheroun que
» forem tramets II senhors ha moss. Arnal de Ro-
» cafuelh local era az Algua. »
(1) « Divenres ha XXII dabrilh del volontat del
» conselh de Lesquilla fon trameza una letra an Peyre
» Guitard de compeiré local ero capitani de Peiro-
» lado sobra alcuna companhia que tenia aqui en
» establida moss. Arnal de Rocafuel loscals amenas-
» sabou segoun quem fon dich ha tout ome de Mel-
» hau quels trapazaguian del cas ont quels trabes-
» sem local causa non sabian per que ne fon es-
» critgs al capitani. »

principauté et l'avait donnée à son fils aîné, le prince de Galles, qui en prit possession en 1363.

On le désignait alors sous le nom de prince d'Aquitaine.

Ce dernier songea à réclamer de ses vassaux l'hommage dû à leur nouveau souverain.

A cet effet il convoqua à Poitiers, les prélats, les nobles et les communes du Rouergue ; les petits endroits se firent représenter par les délégués des villes plus importantes, c'est ce que nous apprend une lettre du consul boursier de Millau qui nous donne parmi les délégués des autres localités de la Haute-Marche le nom du délégué de Nant (1).

« Le mardi huit août vinrent ici (Millau) les
» consuls de Saint-Affrique, de Saint-Sernin et
» de Saint-Rome-de-Tarn et les délégués des
» territoires de Vabres et de Roquecezière, de
» Montfranc et de Plaisance, de Brusque, du
» Pont-de-Camarès et du territoire de Nonen-
» que, ainsi que le seigneur Aimeric de Nant,
» pour décider quel est celui qui irait trouver
» Monsieur le Prince (d'Aquitaine) et les secours

---

(1) « Lo mars à VIII daost sei foron los cossols
» de Santa Africa da San Serni e da San Roma de
» Tarn e la prosomes del pariatge de Vabro e de
» Rocacerieira e de Montranc e de Plazenza e de
» Brusca e del Pon de Camarès e del pariatge de
» Nonenca en senhen Aimeric de Nant per tracta
» que anaria vos moss. lo Princip, ni quals gracias
» demandarian al profiegh del païs e de Rosergué. »

» qu'on devrait lui demander pour le plus
» grand profit du pays et de tout le Rouergue. »

Ce seigneur Aimeric était certainement un descendant de Bernard Aymeric que nous avons déjà vu dans l'assemblée de répartiteurs convoquée à la cour seigneuriale par l'abbé Guillaume de Villette en 1275.

« En 1364, le prince d'Aquitaine avait envoyé
» au pape Urbain V qui résidait à Avignon,
» une magnifique ambassade. En traversant le
» Rouergue le cortège à la tête duquel mar-
» chaient deux cents cavaliers s'arrêta à Millau
» le 25 avril. Les consuls de cette ville lui don-
» nèrent un bal à l'Hôtel de Ville auquel assista
» la baronne d'Arpajon, fille d'Arnaud de Ro-
» quefeuil, une des plus grandes dames de la
» contrée. » (Rouquette, *Le Rouergue sous les Anglais*).

Le livre du consul boursier nous montre les compagnies ravageant à cette époque tant la Haute que la Basse Marche.

Segui de Badafol, Penibora, Bertucat d'Albret, chefs des routiers, étaient venus prendre leur part de butin d'abord à Nant, Saint-Jean-du-Bruel, Saint-Affrique, puis dans tout le Camarès. Le sénéchal du Rouergue à la tête de ses troupes vint à Millau, puis à Saint-Affrique pour contenir les routiers ; il profita aussi de sa présence dans la contrée pour recevoir le serment de fidélité de tous les habitants de la Haute Marche ayant atteint l'âge de quatorze ans. (Rouquette, *Le Rouergue*, etc.)

A la fin de juin 1367, avis est donné de l'approche des bandes du' roi Henri de Transtamarre qui se vengeait du roi d'Angleterre parce que ce dernier n'avait pas voulu l'aider à monter sur le trône d'Espagne à la place de son frère don Pedro, le cruel.

Mais Nant est bien gardé grâce aux soins d'Arnaud de Roquefeuil et la garnison établie alors à Nant.

Voici ce que nous apprend la lettre du consul boursier (1) :

« Mercredi vingt-quatre juin première venue
» en notre ville de Monsieur David Cradoc lieu-
» tenant de Monsieur le sénéchal du Rouergue
» qui partait de Nant avec des gens d'armes
» pour visiter les frontières. Le conseil ordonna
» que des hommes monteraient à cheval pour
» lui servir d'escorte afin de bien le recevoir
» pour sa première visite. Il y avait là le sei-

---

(1) « Dimecres a XXIV de jun venc moss. David
» Cradoc premieyramen en esta vila luoctenen de
» moss. lo senescale de Rozergue, e partia de Nant
» am gens darmas per vezitar las frontieyras e fon
» hordenat per la cosselh que hom li isses ha caval
» per sa premiera venguda e que fos be servit, e era
» lo senhor de Verzols am sos frayres e am d'altres
» esqudies sos companhos. »

» gneur de Verzols avec ses frères (Les Roque-
» feuil) et autres écuyers ses compagnons. »

A cette époque notre province avait pour gouverneur un chevalier Anglais nommé David Cradoc que le prince d'Aquitaine avait donné pour lieutenant au sénéchal du Rouergue Thomas de Wentehale.

Cradoc en prévision des attaques d'Henri de Transtamarre vint visiter lui-même les places frontières du Rouergue et mit à Nant une bonne garnison.

Par ses ordres Jean de Roquefeuil seigneur de Verzols, les capitaines Mira, Penni Tereta, le bâtard de Caupène et Augia de Verdun s'étaient enfermés dans Nant avec leurs compagnies au nombre d'environ cent chevaux (Rouquette, p. 112) d'où ils veillaient à la sécurité des localités voisines.

Déjà les routiers ravageaient les campagnes de l'extrême haute Marche, et les chemins n'étaient point en sûreté. Par lettre les consuls de Millau demandèrent à David Cradoc alors à Villefranche de donner l'ordre à une partie de la garnison de Nant de se rendre sur le Larzac et débarrasser les alentours de Millau des aventuriers qui infestaient tous les chemins, voici ce que dit le consul boursier : « Ha XXIV iun tramezem una letra ha Vilafranca ha moss David quel plagues que las gens darmas que ero a

Nant lhur volgues donar carenza sur plazia en altras parts car del cami del Larzac al pezâtge del pont à la vila era gran damnatge car las avanturiars dusptave locami. »

Jean de Roquefeuil était-il sorti à peine de Nant à la tête de quelques hommes dans ce but, qu'il fut obligé de rentrer dans la place juste au moment où les routiers envahissaient les faubourgs. Voici la lettre du consul qui nous l'apprend :

« Le six juillet Jean de Roquefeuil nous in-
» forme par lettre que à peine était-il entré à
» Nant que les ennemis entraient aussi dans les
» faubourgs au nombre de quatre cents flèches,
» commandés par le Limousin, le bâtard de
» Béarn, Perrin de Savoie et un capitaine de
» Bretons et nous avisait de nous tenir sur nos
» gardes (1). »

C'était donc une bande de quatre cents hommes armés de flèches commandés par Armand Solier dit le Limousin, le bâtard de Bearn, Perrin de Savoie et un capitaine breton qui tombait inopinément sur Nant. Mais la place était trop bien défendue par ses murs.

---

(1) « Ha VI de Julh nos trames Johan de Roca-
» fuelh una letra en local se contenia que cal en-
» trave à Nant els enemics entrave els bares e avial
» iiii pennos desquels se disia la Lemosi el born
» de Bearn e Peri de Savoix e un capitani del bre-
» tos e mandavo que estessem avizati. »

Voyant qu'il n'y avait rien à faire et que d'ailleurs un long siège serait inutile, les routiers se dirigent sur le château d'Algues croyant en avoir plus facilement raison.

Mais Arnaud de Roquefeuil veillait ; il avait fait monter les gens de sa domesticité et tous les travailleurs de Castelnau sa résidence d'été et les habitants de Saint-Michel dans son château fort où était déjà réunie toute la population d'Algue et résista à leurs assauts ; le livre du consul boursier est explicite à ce sujet (1).

Le neuf de juillet, M. Arnaud de Roquefeuil envoie deux hommes porteurs de lettres où il était dit que sur sa terre d'Algues étaient entrés quatre cents hommes armés de flèches tuant et pillant tout sur leur passage, cette lettre faisait aussi mention que devant Nant il y avait trois cent hommes qui avaient combattu Nant le matin, elle disait encore qu'en prévi-

---

(1) « Ha IX de julh nos trames moss. Arnald de
» Rocafuelh II omes am letras en lascals si contenia que ela sia tera d'Algua era entrats iiii penos
» quel fazien guera de fioc et de sanc e fasio mensio que davant Nant avio iii penos e les digh iii
» penos ero se armats lo moti per combatre lo luoc
» de Nant e fasio mensio en la letra que cant vengre aqueles gendarmas en sa tera el avia fag
» armar et montar las gens de son ostal per veni
» far socors à la villa (desta villa) car entendut avia
» cant dezelotgerien tots devian venir davant esta
» villa e devian esser lendema de la dada de sa
» letra. »

sion de leur arrivée il avait armé et fait monter les gens de sa maison pour défendre la place car il avait appris que lorsque l'ennemi quitterait Nant, il devait venir l'attaquer, le lendemain probablement de la réception de sa lettre.

Les routiers avant de partir de Nant avaient livré le matin, ainsi que le dit la lettre d'Arnaud de Roquefeuil, un furieux assaut à la place.

Ce fait est confirmé par une lettre que les consuls de Nant envoyèrent le lendemain à Millau dans la soirée :

« Le jour suivant, au soir, bien tard, les con-
» suls de Nant envoyèrent une lettre qui disait
» que les ennemis avaient courageusement at-
» taqué Nant mais, qu'avec l'aide de Dieu ils
» n'avaient pas remporté la victoire, nous
» priant de leur envoyer, si nous le pouvions,
» quatre cents arbalétiers ; mais il fut décidé
» qu'il valait mieux s'aider à soi-même que de
» secourir les autres nous excusant du mieux
» que nous pûmes (1). »

---

(1) « Lo iorn meteys nos tramezen al vespre ben
» tar los prozomes de Nant en lacal se constenia
» que los enemics avian combatut Nant ben e greu-
» ment et am la ajuda de Dieu non i aura gazanhat
» et pregado ha nos que se lhur podiam valer de
» iiii balestas que nos fassezem e fon vist que mai
» valia ajudar a se que alz altres e escuzem nos
» al mielh que poguem. »

Les consuls de Nant dans cette lettre font part à ceux de Millau de la pénible situation dans laquelle ils se trouvent, leur demandant de leur envoyer si possible quatre cents arbalétriers pour leur porter secours et poursuivre les ennemis ; mais les consuls de Millau, sachant que charité bien ordonnée commence par soi, s'excusèrent du mieux qu'ils purent et laissèrent Nant livré à ses propres ressources.

Cependant Penni Tereta qui commandait la place, afin de mieux convaincre les Millavois, leur promettait dans une lettre confiée au même porteur, qu'après la levée du siège il se porterait à leur secours mais ce fut en vain. Voici en quels termes le consul boursier signale cette lettre.

« Penni envoie une lettre par le même porteur
» disant qu'après avoir délogé l'ennemi il vien-
» drait lui-même avec sa compagnie porter se-
» cours à notre ville nous priant de l'ouvrir à
» son arrivée (1). »

Nant avait donc résisté grâce à la solidité de ses remparts, à la bravoure de sa garnison, comme aussi au dévouement de toute la popu-

---

(1) « Penni mandet nos una letra per los portados
» en que mandava que cant dezologorien ne podio
» sentre que els volguessem venir davant estavila
» el venria am sos companhos per socore à la villa
» se valian lubrir cant venria. »

lation civile et monacale. Le découragement perçant parmi les assiégeants, le Limousin et les autres levèrent le siège pour aller surprendre Algues comme nous l'avons vu.

Furieux de la résistance qu'ils y rencontrèrent, les routiers revinrent sur Nant le lendemain 10 juillet.

Penni Tereta, par une nouvelle lettre en informe Millau disant que les ennemis qui, dès l'aube se trouvaient devant Nant devaient lever le siège et se rendre à Millau en bataille rangée pour combattre ce lieu (1).

Le chef de la garnison était, en effet, bien informé, car le samedi 10 juillet au soir les ennemis qui avaient passé la journée devant Nant désespérant de venir à bout de la petite garnison qui défendait notre ville décampèrent pour aller ravager d'autres contrées moins bien défendues que la nôtre (2).

---

(1) « Lo sapbde ha X de iulh davant alba nos
» trames Penni Tereta una letra en que se conte-
» nia que los enemics que ero davant Nant se de-
» vian dezalatgar e veni davant esta villa am la ba-
» tailha arengada per comb atre la luoc. »

(2) « Dipsade al ser, al vespre lo iorn dessus de-
» zalotgeren los enemics davant Nant si es a sabé
» Peri de Savoia, el Limosi, els altres capitanis e
» desso que forou dezalogats migro dedins del luoc
» Nant segoun que dizero Penni Terreta, el bort de
» Caupena e Mira e Augia de Verdu am gendarmes
» loscals ero al digh luoc de Nant e vezen que tots
» enemics ero dezalogats migro et vengro en esta

Nant et les alentours étaient enfin délivrés de ces ravageurs. Après avoir laissé dans la place une partie de la garnison pour parer à un retour offensif, quatre-vingts ou cent cavaliers sous la conduite de leurs chefs prennent le chemin de Millau. A leur arrivée, ils vont trouver les membres du Conseil secret ainsi que ceux de l'Esquille pour leur offrir leurs services et leur demandèrent du pain et du vin pour leur troupe ; le tout, d'après le consul boursier, coûta à la ville quarante-neuf sous, quatre cent deniers et vingt setiers d'avoine.

Les bandes d'Henri de Transtamarre avaient négligé Millau trop bien défendu pour aller ravager Peyreleau, Rivière et Boyne.

Les prisonniers n'étaient point de mise à cette époque, un routier du nom de Guillaume d'Orthez ayant été pris près de Boyne, avait avoué naïvement qu'il avait été à la prise de Bagnères et qu'il avait rallié les bandes d'Henri de Transtamarre lors de leur levée du siège de Nant. On

---

» vila pes far socors al luoc se mestie i fezes e ero
» entorn LXX o LXXX cavalgaduras et anton que
» foro venguts mandem quere dels senhors del
» cosselh secret e de lesquilla e cosselhero los
» dighs senhors que lhur fezessem servici e de lur
» valer tramezen lur acalcus pa e vi e peyso costet
» tot LIX sols iiii de e XX sestier de sivada. »

ne lui fit point de quartier, il fut condamné à être pendu (1).

Pendant plus d'un mois, ces bandes ravagèrent le Causse Noir et le Causse Méjean, elles se renouvelaient sans cesse.

Le dimanche 22 août, Arnaud de Roquefeuil envoie une nouvelle lettre disant que les compagnies des bretons se trouvaient à Saint-Uberi (Saint-André-de-Vezines) avec d'autres routiers guerroyant pour le compte du roi Henri au nombre de quatre à cinq cents lances (2).

Cependant David Cradoc, prévenu des courses du roi Henri dans nos parages, avait levé une armée de deux mille hommes et avait ordonné à Jean de Roquefeuil qui gardait Nant avec les autres capitaines qui y étaient revenus de le rallier avec ses troupes.

Le bâtard de Fezenzaguet, le bâtard de Caupène, Jean de Roquefeuil, Guillomet de Bolène

---

(1) « Un prionnie local avia nom Guilhem del
» luoc d'Ortez local fon prez en esta vila per causa
» que cofecet dovant lo jutge liberalmen quel era
» estat à la preza de banieyros e avia estat am los
» companhas entro que partiro de Nant e fon jutiats a pendre XI de Julh. »

(2) « Dimenge 22 aost nos trames moss. de Rocafuelh una lotra en local se contenia que las companhos dels bretos ero à St-Uberi, si ero dezalogats am daltres gens de la companhia del rei Ugenric que era de iiii a V lansas loscals devian venir en aquest païs tantost ayem resempsada la dicha letra. »

et Penni Terreta quittèrent Nant, passèrent le dix septembre à Millau pour se diriger de là vers Compeyre et Peyrelade ; le ravitaillement de leurs troupes coûta vingt-quatre sous et quatre cent deniers (1).

Vers la fin du mois d'août 1367, le roi Henri de Transtamarre abandonnant ses troupes alla rejoindre le duc d'Anjou à Aigues-Mortes, d'où il s'embarqua pour le Roussillon, « s'enera enanat per aiga », dit encore le livre du consul boursier.

Tel sont les principaux faits qui se déroulèrent à Nant ou dans les environs lors de l'occupation de notre pays par les anglais qui ne dura que cinq ans au plus.

Il y a quelques mois, un terrassier défonçant un terrain au Ségala trouva un denier que nous avons eu entre les mains représentant d'un côté un cheval indompté et portant de l'autre cette inscription : « Ferdinandus equitas. » Cette pièce de monnaie avait été probablement per-

---

(1) « Lo iorn dessus digh (dimanche 5 sept. 1367)
» vengre en esta vila sur lo ora de la mieja nuegh
» las gens darmas que ero en establido à Nant e per
» las frontieyros soes a sabe lo bastard de Fezen-
» zaguet el bort de Caupena el Johan de Rocafuelh
» a Guillomet de Bolena et Penni Terreta cum lur
» companhia... et dizero que els anavo vers Com-
» peire e d'aqui vers las partidas de Peyralado per
» far se podiam embuscar... e dem lur à beure c a
» maniar costet XXIV S. iiii d. »

due par quelque soldat des bandes du roi Henri, campant sur ce terrain ou allant ravager le Liquier ou le Mas du Pré, car les campagnes ouvertes à leurs coups payaient pour les places fortes bien défendues.

La petite garnison que David Cradoc avait placée à Nant pour surveiller l'extrême Haute-Marche étant catholique suivait les exercices religieux dans l'église Saint-Jacques qu'ils appelaient Saint-James comme nous l'avons dit plus haut, nom qu'elle conserva longtemps après leur départ, et sur les murs de laquelle on avait gravé les armes d'Angleterre. Le Léopard fut aussi gravé sur les murs et les tours de la ville. La tour du moulin adossée à l'ancienne maison du baron de Mailhac aujourd'hui appartenant à M. du Cambon porte sur une pierre de taille un cartouche de cinquante centimètres environ de diamètre formant couronne avec la date 1371. On y voit un ciseau et un maillet en dessous. C'est là fort probablement qu'étaient gravées les armes d'Edouard, lesquelles furent remplacées par la pierre actuelle, lors du départ définitif des Anglais de tout le Rouergue.

Le pont de la Prade

Jusqu'à cette époque, les deux rives de la Dourbie n'étaient reliées que par deux passages à gué : celui d'Ambolo, comme nous l'avons vu antérieurement, et celui de la Barbaresque qui, par la rue des moulins, faisait communiquer Nant avec le village et terroir de Cazic et les Prades.

Le pont jeté sur la Dourbie, qui nous sert encore, a-t-il été construit sous les anglais ? L'abbé Rouquette, dans son livre sur les anglais, prétend qu'on leur a attribué faussement la construction de châteaux, ponts, aqueducs, puits, etc., parce qu'ils étaient demeurés trop peu de temps en Rouergue ; qu'ils étaient trop peu nombreux, trop occupés de la garde et de l'administration de ce territoire, pour y faire quelque chose de durable.

D'après certains hommes compétents, ce pont aurait été bâti, sous l'impulsion des moines, probablement au commencement du XIVe siècle.

Nous devons cependant dire qu'une certaine tradition en attribue la construction aux anglais, à tort peut-être, comme elle leur avait attribué celle de Saint-James. L'avenue de la Volte, qui y conduit, portait, paraît-il, autrefois, le nom de Londonderry (faubourg de

Londres); cependant, nous n'avons jamais vu ce nom écrit dans aucun document.

Ce pont est formé de deux grandes arches à plein cintre qui arcboutent un pilier en losange, formant éperon en amont et en aval. Chaque arche a quinze mètres de diamètre. Le pilier et les culées sont en pierre appareillée, sauf les voûtes qui sont en tuf, comme d'ailleurs presque toutes les constructions de Nant. Il est, assurément, antérieur à l'occupation anglaise, peut-être est-il l'œuvre des Frères Pontifes sous saint Louis et ses successeurs immédiats. Nous savons qu'une catégorie de religieux, constructeurs de ponts (pontum facere), existait au moyen âge. Les abbés de Nant pourraient bien avoir fait appel à leur concours pour ce travail.

18. Durand II. — La *Gallia christiana* nous fait connaître que « Durand II se trouve inscrit
» sur les registres des abbés en 1368 et 1380,
» d'après la transaction faite entre lui et l'abbé
» de Saint-Victor de Marseille ; on le trouve
» encore sur des lettres du prieur de Sainte-
» Marie du Caylar, adressée aux sous-collec-
» teurs, concernant les sommes qu'ils devaient
» percevoir pour la chancellerie apostolique
» du 22 juillet 1382 (1). »

---

(1) *Gall. christ.* « Durandus II inscribitur char-
» tis ann. 1368 et 1380 quo transiget cum abbate

La collection de Doat : « 1° Bulle du pape
» Grégoire XI par laquelle il ordonne au prieur
» de Millau de mettre l'abé et le couvent de
» Salvanès (1) en possession des biens, juridic-
» tions et droits qu'eux et leurs prédécesseurs
» avaient donné à ferme, à rente ou à vie à
» quelques ecclésiastiques et laïcs dont quelques
» uns disaient avoir obtenu des lettres de con-
» firmation du St-Siège, des kalendes de dé-
» cembre, Pontificatus anno primo 1370.

» 2° Transaction entre l'abé et le couvent de
» Marseille et l'abé Durand de Durfort et le
» couvent de St-Pierre de Nant en Rouergue
» sur le procès pendant entr'eux par devant le
» cardinal de Mende touchant la rente de 20
» sols tournois que les dits abés et couvent de
» St-Victor prétendaient leur estre deue, par
» l'abé et le couvent de Nant en signe de su-

» Sancti Victoris 12 febr. nec non 1382 ex chirogra-
» pho prioris S. Mar. de Caylar sul collectoribus
» quo profitetur quales quantasque pecuniæ sum-
» mas persolverit cameræ apostolicæ 22 Julii 1382. »

(1) C'est probablement Nant qu'il faut lire. On ne s'explique pas en effet ce document inséré dans la collection de Doat au milieu des autres pièces qui concernent l'abbaye de Nant s'il n'y a point une erreur quelconque due soit à un scribe soit à un classificateur. Ce document où il n'est point parlé de Nant devrait être enlevé du dossier de l'abbaye de Nant et être placé dans le cartulaire de Sylvanès, s'il n'y a point substitution de nom.

» jétion et de dépendance et la prétention du
» dit abé et couvent de Nant d'être exempts de
» toute sujétion et redevance, par laquelle
» transaction ceux de Nant s'obligent de payer
» annuellement 4 francs d'or à ceux de St-Victor
» du 12 février 1380.

» 3º Quitance faite par le prieur de Saincte-
» Marie de Caylar Pierre Pinholi soubs collec-
» teur apostolique au diocèse de Vabre de di-
» verses sommes reçues par Durand abé de
» Nant pour la rente à lui deue à la chambre
» apostolique du 22 juillet 1382.

» 4º Bulle du pape Boniface IX par laquelle
» il ordonne au Prévost de Beaumont diocèse
» de Rodez de défendre l'abé et le monastère
» de Nant des injures et violences qui leur es-
» toient faictes et d'en réprimer les auteurs par
» censures ecclésiastiques 14 kalen. das novem-
» bris Pontificatus anno Iº 1396. »

Les moines de Nant, qui jusqu'alors avaient mené une vie tranquille, se virent profondément troublés par les divers événements que nous avons narré ; les fermiers laïques, les bénéficiers ecclésiastiques tenus à des redevances envers le monastère prétendaient, à cause des exactions qu'ils avaient subi de la part de certains routiers, ne rien devoir. Les plaintes de l'abbé de Nant et de ses moines furent entendues de la cour pontificale qui, à deux reprises, leur fit rendre justice, tant par la force que par des censures ecclésiastiques.

Cependant, la majeure partie de la noblesse dans le Rouergue, ne fut jamais dévouée aux Anglais.

C'est d'Armagnac, parent du roi de France et comte de Rodez, qui opéra une vraie révolution contre l'Angleterre.

Une taxe onéreuse d'un franc guyennois par feu ayant été imposée par le prince d'Aquitaine exaspéra d'Armagnac qui leva l'étendard de la révolte et prit ouvertement le parti du roi de France.

Arnaud de Roquefeuil suivit son exemple ; en embrassant la cause royale, il entraîna, probablement, Nant avec lui.

Le duc d'Anjou l'avait établi pour la garde de ses terres, avec vingt-huit écuyers de sa suite.

Charles V écrivit aux consuls de Millau pour les engager à reconnaître sa souveraineté et confia sa lettre à Arnaud de Roquefeuil. (Una letra clauza del rey de Franza.)

« Le négociateur était bien choisi, dit Rou-
» quette (p. 214). Personnage très important
» dans notre province à cause de sa haute posi-
» tion et de ses relations avec plusieurs cours
» de l'Europe, Roquefeuil avait la confiance
» des habitants de Millau avec lesquels il entre-

10

» tenait depuis longtemps de bons rapports de
» voisinage. »

L'entrevue secrète qu'il eut avec les consuls eut lieu dans l'église Saint-Martin de Millau, et ce ne fut que le 28 août que ceux-ci conclurent une trêve avec Jean d'Armagnac, par l'entremise de Gui de Cablac.

Cependant le château fort de la Liquisse, qui appartenait aux moines de Nant, était resté fidèle aux Anglais. Le 5 août, Arnaud de Roquefeuil écrit à Guilhem Blanc de la Cavaleria « quenzagues havizar de la Liquissa se era » presa par la part francesa ».

Le temps de la trêve conclue par les consuls de Millau était passé, le prince d'Aquitaine, qu'ils avaient consulté sur le traité de Brétigny, n'avait pas encore répondu ; les Millavois redoutaient la colère des Français qui pouvaient être victorieux à Compeyre.

Les délégués des consuls de Millau se rendirent secrètement au château d'Algues, le 15 octobre, pour avoir une entrevue avec Arnaud de Roquefeuil. Neuf jours après, le 24, ils se rendirent au château de Cantobre pour une nouvelle entrevue. « Ils achetèrent des robes » neuves, dit Rouquette, prient Roquefeuil de » se rendre à Millau. »

Le comtor de Nant acquiesce à leur désir ; il quitte Algues avec une compagnie de soldats ;

on l'héberge pendant quatre jours, le traitant splendidement à Millau, ainsi que ses soldats ; la dépense, dit le consul boursier, se porta à 84 livres.

Les délégués partirent sous la conduite d'Arnaud de Roquefeuil qui devait les protéger en route avec sa compagnie et les présenter au comte d'Armagnac (1).

Nous ne suivrons pas les anglais dans les diverses péripéties qui précédèrent leur expulsion du territoire rouergat, en 1370.

Furieux de ne pouvoir plus en être les maîtres, ils voulurent en être les ravageurs et l'on peut affirmer que le pays eut plus à souffrir après qu'avant leur expulsion.

Comme l'avait fait Henri de Transtamarre contre eux, ils soudoyèrent des bandes de rou-

---

(1) L'abbé Rouquette, *Le Rouerg.* p. 467, donne en entier le traité entre Jean d'Armagnac et Arnaud de Roquefeuil, délégué de Charles V et les consuls de Millau lequel commence en ces termes : « Estantz en la présencia del très noble et tres honorable senhor mosseu Jehan d'Armagnac e del molt noble e poderos senhor Arnal senhor de Rocafuelh trames per lo tres noble et tres poisant prencip lo rey de Franza... » (éd. pag. 470.)
Lettre du duc d'Anjou autorisant le seigneur de Roquefeuil et Nicolas de Lettes à recevoir les serments des consuls et habitants de Millau. Loys, fils de Roy de Franza frère de Monseigneur le Roy duc d'Anjou... savoir faisons que nous confiant du sens loyauté et diligence de nos bien amez le seigneur de Roquefulh et de messire Nicolas de Lettes...

tiers, que les livres du consul boursier appellent *lous enemics, lous engles, lous engleses*, qui, en corps ou en bandes, portaient partout la dévastation.

Outre les voleurs de profession qui couraient partout, les partisans du comte de Foix, en guerre ouverte avec le comte d'Armagnac, avaient envahi l'évêché de Vabres.

Les compagnies que les Etats du Rouergue leur opposaient, quoique soudoyées, étaient aussi pillardes que les voleurs (Rouquette). La Cavalerie, l'Hospitalet, furent rançonnés.

D'autres bandes, en 1375, sous les ordres du bâtard de Landorre et d'un moine appelé « lo négré de Valencia », envahirent la Haute-Marche.

On les voit, tantôt à la Liquisse, tantôt à St-Georges-de-Luzençon. « Après avoir erré
» quelque temps dans le pays, dit Rouquette
» p. 282, allant d'un village à un autre, ces com-
» pagnies finirent par s'emparer du fort de la
» Liquisse, de Saint-Jean du Bruel. »

Nant, encore, grâce à ses solides fortifications, fut à l'abri de leurs coups. Ces bandes se rendent à Peyrelade, dont ils s'emparent, après avoir ravagé toute la vallée de la Dourbie.

En juin 1380, on voit encore une compagnie de quarante chevaux campée à La Cavalerie et ravageant tout le Larzac.

En 1383, ces bandes font une razzia de bestiaux au Caylar et se rendent du côté de Millau.

En 1384, ces Engles établis à Plaisance, sur la rive gauche du Rance, forment le projet de faire encore des courses et de prendre Millau, ou Compeyre, ou Nant, ou Montpaon; c'est ce que les consuls de St-Sernin écrivent à ceux de Millau ; dans le courant de juillet, on les voit, en effet, sur le Larzac, mais ils durent disparaître sans venir sur Nant.

Cependant, en 1389, on les voit encore, commandés par Perot de Termes et Montfalco, venir exploiter le Larzac et les pays environnants.

« Pendant les premiers six mois de cette an-
» née (dit Rouquette, p. 361), ces compagnies,
» postées à Nant, Meyrueis, Saint-Léons, No-
» nenque, Sainte-Eulalie, Lapanouse, furent
» maîtresses de la Haute-Marche et y vécurent
» à ses dépens, capturant tous les troupeaux
» dont ils tiraient rançon. »

Pour mettre un terme à leurs déprédations et racheter certaines places, les états généraux s'étaient rassemblés d'abord à Rinhac, le 30 octobre 1382, afin de fournir au comte Jean d'Armagnac les moyens de chasser de la province ces compagnies; un fondé de pouvoir de l'abbé de Nant, dont nous ignorons le nom, y assista en qualité de représentant du clergé. Une seconde convocation fut faite à Villefranche, le 27 juin 1390. Les députés des trois ordres assistèrent à cette assemblée ; l'abbé de Nant fut représenté par son mandataire nommé Bernard Croisier, probablement le prieur claustral.

Bien que convoqué, Arnaud de Roquefeuil n'assista pas à ces états. La commune de Nant envoya un délégué ; cela résulte d'une lettre de Charles VI en réponse à l'appel des trois états au roi contre le sénéchal du Rouergue (1).

En 1391 le calme revint. Cette année fut relativement heureuse. Les routiers, dont on avait racheté les places fortes, parmi lesquelles devait se trouver la Liquisse, allèrent en Lombardie faire la guerre et laissèrent notre pays plus tranquille.

19. Bernard IV. — Bernardus IV anno 1400 (2) Bernard IV fut abbé de Nant en 1400. C'est tout ce que nous savons sur cet abbé.

20. Jacques I. — « Jacques I est désigné
» comme lui ayant succédé en 1403. Il envoya

---

(1) Rouquette. *Instrum.* « Karolus Dei gratiâ Fran-
» corum rex : Judicibus nostri Amiliavi et de Com-
» petro... Salutem. Dilectis nostris Episcopus et capi-
» tulum ecclesie Ruthenensis abbates que monaste-
» riorum conchesis Bonnecumbæ... Nanthensis et
» loci Dei... ac consules syndici.., locorum sancto
» Antonino... de Amilhavo, de Nantho et alii pro
» statu communitatum senescalliæ Ruthenensis... »
(2) *Gall. christ.*

» en 1409 au concile de Pise un délégué muni
» de pleins pouvoirs. Dix ans plus tard, en 1413,
» il obtient du roi Charles VI par l'intermé-
» diaire du juge de Millau des lettres le confir-
» mant dans ses droits de Haute, moyenne, et
» basse justice sur le pays de Nant que lui dis-
» putait l'évêque de Vabres. (1) »

Collection de Doat : « Lettre du Roy Charles
» au juge de Millau par laquelle il lui ordonne
» de maintenir l'abé et le couvent de Nant con-
» tre le trouble qui leur estoit fait par l'Eves-
» que de Vabres du 24 mars 1413. »

Les incursions diverses des routiers avaient non seulement porté la dévastation parmi la population des campagnes, mais aussi le trouble dans les paroisses et les établissements religieux.

Etienne de Vassignac, évêque de Vabres, pour remédier, voulut exercer une surveillance plus active dans toute l'étendue de sa juridiction, sans en excepter Nant. Jaloux de ses prérogatives comme ses prédécesseurs et voulant les maintenir intactes, l'abbé de Nant, soutenu en

---

(1) *Gall. christ.* « Jacobus I anno 1403 misit ad
» concilium Pisanum anno 1409 procuratorem
» cum plenâ potestate ex ejusdem actis tom. VI.
» Anno 1413 24 martii litteras protectionis obtinet à
» Carolo rege judici de Millavo directas pro conser-
» vationa altæ, mediæ, et bassæ justiciæ in loco de
» Nanto adversus episcopum Vabrensem. »

cela par tous les religieux du monastère et la population civile du lieu, adressa une requête au roi. Charles VI qui n'ignorait pas la fidélité des Nantais à la cause royale ni les sacrifices qu'ils s'étaient imposés lors de l'occupation anglaise, sacrifices qui avaient été récompensés en 1369, comme on le verra plus loin, par la concession de foires et marchés déjà renommés, donna satisfaction aux Nantais et ordonna par lettre, au juge de Millau, de maintenir les droits de l'abbé à l'encontre des prétentions de l'évêque.

Jacques I gouverna l'abbaye de Nant jusques vers le milieu de l'année 1416 ; et fut remplacé à la tête du monastère par :

21. **Guilhaume de Nogaret.** — « Cet abbé,
» élu le 31 août 1416, ne donna son consente-
» ment à cette élection que 15 jours après. Sous
» son administration abbatiale, le pape Mar-
» tin V envoya deux bulles par lesquelles il or-
» donne de restituer au monastère de Nant les
» biens qu'on détenait injustement, menaçant
» même de l'excommunication ceux qui n'ob-
» tempéreraient point à ses ordres. Cependant
» les moines eux-mêmes lui firent un procès,
» en janvier 1424, parce qu'il détenait un reli-
» gieux dans la prison des laïques. On trouve
» encore son nom inscrit en 1446 à moins que

» ce ne fut un autre portant le nom de Guil-
» laume (1). »

Collection de Doat : « 1° Procuration des reli-
» gieux de l'abaye de Nant en faveur de deux
» d'entr'eux : Forton de Beaulieu, et Astorg
» Aldiguier, pour aller présenter à Guillaume
» de Nogaret l'élection qu'ils avaient faite de sa
» personne pour abé du 31 août 1416 avec l'acte
» de la procuration de la dite élection du dit
» Guillaume de Nogaret, du 26 sept. 1416.

» 2° Acte par lequel les religieux du monas-
» tère de Sainct Pierre de Nant en Rouergue de
» l'ordre de Sainct Benoist se plaignent de ce
» que Guillaume abé détenait un religieux dans
» sa prison des laïcs au préjudice des clauses
» d'un contract y insérées, par lesquelles il est
» porté que les prisons monachales ne pour-
» ront estre faites hors du cloistre et que les
» religieux délinquants seront détenus dans la
» chambre de la trésorerie jusques à ce qu'on

---

(1) *Gallia chr.* : « Guillelmus VI de Nogaret eligi-
» tur abbas die 31 augusti 1416 qui huic electioni
» assensum præbuit die 16 septembris ejusdem
» anni. Sub hoc abbate Martinus V duas bullas de-
» dit quibus jubet restitui monasterio bona ablata,
» comminatur que excommunicationem secùs fa-
» cientibus. Guillelmus adhuc sedebat mense janua-
» rio 1424 ex quærela monachorum adversus illum
» quod unum e fratribus detineret sub custodiâ
» laïca. Imo superstitem illum adhuc invenimus
» anno 1446 nisi sit alius abbas cognominis. »

» ait construit de nouvelles prisons, dans l'en-
» ceinte du cloître. L'acte est du 29 janvier 1424
» et le contract du . . mai 1413.

» Bulle du pape Martin V par laquelle il
» ordonne à l'abé de Salvanés de remettre Guil-
» laume abé et le couvent de Nant en posses-
» sion des biens, juridictions et droits que les
» dits abé et couvent avaient donné à ferme à
» rente ou à vie à quelques ecclésiastiques et
» laïcs dont quelques-uns disaient avoir obtenu
» des lettres de confirmation du St-Siège (11 ka-
» lendas januarii pontificatus 10 . 1427.)

» 4° Bulle du pape Martin V par laquelle il
» ordonne à l'abbé du monastère de Salvanès
» d'exhorter les détenteurs des décimes, rentes
» argent, livres contracts et registres de l'abé
» et du monastère de Nant et de leur restituer
» à certains termes passé lequel et à faute de ce
» faire, il lui enjoint de les excommunier (14 ka-
» lendas januarii pontificatûs anno X° 1427). »

La famille de Nogaret, dont plusieurs branches existent encore, est une des plus anciennes du Rouergue. Nous avons vu plus haut que parmi les vingt-cinq notables convoqués en 1295 par Guillaume de Wilete, tous habitants de Nant, se trouvait un Guillaume de Nogaret.

M. F. Fabrègue, dans son histoire de Maguelonne, cite un Guillaume de Nogaret qui fut professeur à l'Université de Montpellier de 1288 à 1294 mais fût plutôt un homme d'affaire qu'un juriste. Serait-ce le même que celui qui fut chargé par Philippe le Bel dont il avait la confiance, de régler certaines questions dans les démêlés que ce roi eut avec Boniface VIII et contre lequel, paraît-il, il se porta à des voies de fait (?).

Le nouvel abbé avant son élection par les moines de Nant devait être connu dans notre pays par quelques relations de famille. Peut-être était-il originaire de Nant qu'il avait quitté après y avoir reçu son instruction cléricale, y ayant laissé une réputation de vertu, de volonté, de caractère.

Toujours est-il qu'il était absent de Nant lors de son élection qui lui fut annoncée par deux délégués, et à laquelle il donna son acquiescement quinze jours après.

Guillaume de Nogaret voulant probablement relever la discipline parmi les moines et mettre fin aux difficultés qui avaient surgi dans l'administration du monastère ne craignit point de faire incarcérer un religieux fautif. A ce propos les autres moines, jaloux de leurs prérogatives, adressent une requête à leur abbé non pas pour faire délivrer le délinquant mais pour le faire retirer de la prison laïque où il se trouvait, peut-être dans une révoltante promiscuité, et cela d'après un contrat passé quelques années avant. La nécessité de construire des prisons monacales s'était faite sentir, tant le relâchement était grand à cette époque.

Nouvelles incursions des routiers.

« Malgré les fortes impositions que les états
» généraux votaient chaque année pour la dé-
» fense du pays, dit l'abbé Rouquette, le Rouer-
» gue eut beaucoup plus à souffrir d'une nou-
» velle espèce de routiers de 1430 à 1440. Ce
» n'était plus des Anglais mais bien des Fran-
» çais, commandés par des Français et à la
» solde du roi de France. »

Ces compagnies que le comte d'Armagnac avait chargé de veiller à la garde de la Haute Marche, en garnison à la Cavalerie, à Nonenque, etc. au lieu de protéger le pays le rançonnaient sans vergogne.

Inutile de dire que leurs incursions rayonnèrent dans nos contrées sur les localités qui n'étaient point défendues comme l'était Nant, à tel point que les populations avaient réclamé leur retrait ; ce que le comte fit le 26 mars 1431.

Malheureusement, après le départ de ces larrons, il en vint encore d'autres plus nombreux et pires sous les ordres de Rodrigo de Villandrando.

Ce condottiere, d'origine espagnole, après avoir ravagé le Languedoc et l'Albigeois, sous prétexte de faire la guerre aux Anglais, vint, en 1435, faire des courses sur le Larzac, portant encore partout la dévastation.

En 1435, le roi Charles VII fit un voyage en Languedoc. A son retour, venant de Pézenas, il traverse le Larzac et le 10 mai il était à Millau où probablement les consuls de Nant allèrent le trouver et lui expliquer la situation.

En effet, le roi, un an plus tard, accorda une lettre de rémission pour les consuls et habitants de Millau, Saint-Affrique, Saint-Sernin, Saint-Rome-de-Tarn, Nant, et autres lieux parce que la population, poussée par la crainte des Bordelais, par faiblesse et peur de représailles, avait eu commerce avec les Anglais (1).

Les trois ou quatre années qui suivirent le passage de Charles VII, en Languedoc, sont marquées, dans notre province et dans les provinces voisines, par une recrudescence de pillages qu'y commirent les troupes françaises envoyées par le roi, en Guyenne, pour combattre les Anglais.

En 1440, les fermiers des domaines de l'Hôpital, sur le Larzac, pour se mettre à l'abri des

---

(1) Cette lettre est citée tout entière, dans le *Rouergue sous les Anglais*, p. 520.

prises du bâtard d'Armagnac qui était venu se loger avec sa compagnie au château de Saint-Geniez, de Vertenam (dit de Bertrand) conduisirent tout leur bétail, gros et menu, sur les terres de Nant et de la baronnie de Roquefeuil où ils restèrent trois semaines. (Rouquette p. 249.)

Tous ces événements expliquent très bien le désarroi qui régnait à cette époque dans le monastère de Nant, les difficultés qui surgirent dans la perception des revenus ; les appels réitérés des religieux auprès du Pape pour obtenir justice et enfin les diverses bulles de ce dernier enjoignant à tous les détenteurs des revenus de solder sous peine d'excommunication.

22. Gaillard II. — Il est fait mention de Gaillard II dans une bulle du pape Nicolas V comme abbé de Nant en 1449, 1451 et en 1489 dans une bulle d'Innocent VI. Il vivait encore en 1494 probablement retiré dans le monastère, car à cette époque il n'était plus abbé de Nant (1). L'administration temporelle de l'abbaye était devenue de plus en plus difficile et pénible. L'abbé Gaillard s'était plusieurs fois adressé au Saint Siège pour la revendication des revenus

---

(1) *Gallia chr.* : « Gaillardus II, 1449, 1451 et 1489, » in bulla Maxentii papæ VI vivebat 1494 sed non » abbas. »

de l'abbaye injustement détenus par les divers fermiers ou agriculteurs, lui exposant qu'autrefois le monastère de Nant dont les revenus étaient plus que suffisants pour l'entretien honorable des moines était tombé presque dans la détresse et l'indigence par suite soit des guerres incessantes qui avaient désolé le pays, soit à cause des ravages occasionnés par la peste au milieu des populations et autres sinistres non moins redoutables ; que les terres d'où les moines tiraient leurs principales ressources n'étant pas cultivées avaient parfois vu leurs revenus descendre à deux cent livres de Tours (1), somme minime pour nourrir convenablement les dix-neuf moines s'occupant du ministère des âmes et les autres personnes attachées à l'administration temporelle du monastère, dont la ruine était inévitable par défaut d'entretien.

Le pape Nicolas V, devant l'exposé de cette situation pénible, lui accorda satisfaction, par lettre datée de 1451, 9 décembre (2).

---

(1) La valeur intrinsèque de la livre tournois, monnaie de compte en francs actuels, était à cette époque de 12 fr. 25. (Rev. hist. du dioc. de Montpellier, 15 juillet 1912).

(2) « Nicolaus etc. Dil. filio Galhardo abbati mo-
» nasterii de Nanto, ord. S. Ben. Vabren. dioc...
» Personam tuam, etc... Exhibita siquidem nobis
» nuper pro parte tua petitio continebat, quod licet
» olim abbas pro tempore existens monasterii de
» Nanto ad. S. Ben. Vabren. dioc. ex fructibus, red-

23. Jean Héral succéda à Gailhard II.

Le pape Alexandre VI, par bulle du mois de novembre 1492, confirme sa nomination faite par les religieux.

Cet abbé ne prêta cependant serment que le 25 janvier 1499 dans l'église de Palmas entre les mains de Bertrand de Chalençon, évêque de Rodez. Parmi les personnages présents à cette cérémonie figurait Jean d'Eralh, seigneur de Lugans (1).

» ditibus et proventibus ejusdem monasterii, qui
» tunc satis opulenti erant statum suum tenere po-
» terat et monachis ipsius monasterii victum com-
» petenter ministrare, causantibus guerrarum tur-
» binibus, mortalitum pertibus aliisque sinistris
» eventibus quibus, proh dolor ! partes ille diucius
» afflicte fuere, fructus, redditus, et proventus
» hujusmodi adeo attenuatè et diminuati existunt
» quod ex illis qui pro majore parte in agricultura
» consistere perhibentur, quique ducent. libr. Turon.
» parv. valorem annuum non excedunt, statum de-
» center tenere et decem et novem monachis in di-
» vinis et aliis personis Dicto monasterio continue
» deservientibus victum ministrare ac monasterium
» ipsum in suis officinis et edificiis plurimum rui-
» nosum reparare commode nequis ; Nos igitur,
» qui ut asseris de nobili ac militari genere ex
» utroque parente procreatus existis, ut quæcumque
» beneficia insimul, si tibi conferantur retinere va-
» leat concedit.

» Dat. Romæ apud S. Petrum anno, etc., mille qua-
» dringentes quinquages primo quinto idus die.
» Pontificatûs nostri anno quinto (1451, decemb. 9).
» Reg. Vatic. Nicol. V, n° 398, f° 87. »
Due à l'obligeance de M. le ch. Bouat.

(1) D'après des notes personnelles dues à l'obligeance de M. le ch. Vict. Bouat.

Nous connaissons encore cet abbé que la *Gall. Christ.* et la Coll. de Doat ne mentionnent pas, mais avec changement d'orthographe, d'après une copie authentique d'un bail à emphytéose passé par Messire Jean Héral, abbé de Nant, aux habitants des Fraissinets bas, vulgairement appelés la Fabrie à cause du nom de Fabre que portait à cette époque la majeure partie de ses habitants (1).

---

(1) « Accapitum pro habitatoribus loci de Fraissi-
» neto.
» Anno domini millesimo quatercentesimo nona-
» gesimo nono et die vigesimâ septimâ mensis oc-
» tobris Domino Ludovico regnante. Noverint uni-
» versi et singuli præsentes quod ante portale infe-
» riori villæ Nanti apellatum portale solairo fuit
» præsens in Christo Pater dominus Joannes Héral
» abbas misericordiâ divinâ devoti monasterii
» Sancti Petri de Nanto dominusque solus et inso-
» lidum villæ de Nanto et mandamenti ejus ex unâ
» parte. Et Antonius Faber et Petrus Faber habita-
» tores et manentes loci de Fraissineto inferiori ali-
» ter la fabrio... quod si placeat eis dare in accapi-
» tum quoddam territorium vocatum d'Auriol ad
» depescendum oves....... modo etiam eis det licen-
» tium facere blada..... Idem dominus abbas amore
» et misericordiâ quos habet erga suos pagesios
» eis dedit et concessit..... Cum pacto habitatores
» Nanti poterunt accipere lignum gastum pro ser-
» vitate furni tanquam placebit dicto domino ab-
» bati..... unum par pullorum solvendo dicto do-
» mino abbati et censum trium cartalium avenæ.....
» et requisiverunt facere publica instrumenta, acta
» fuerunt hæc et recitata præsentibus testibus do-
» mino Petro Joli monacho monasterii Nantensis
» Joanne Comenia, Petro Pons presbytero. Jacobo

« Sachent tous ceux que ces présentes verront
» que l'an de grâce de Notre Seigneur mille quatre
» cent nonante neuf et le vingt-septième jour du
» mois d'octobre, au devant du portail inférieur
» de la ville de Nant appelé portail solaire fut
» présent messire Jean Heral abbé par la miséri-
» corde divine du vénérable chapitre Saint-Pierre
» du dit Nant, seul et unique seigneur de la dite
» ville et de ses dépendances d'une part.

» Et Antoine et Pierre Fabre habitants des
» Fraissinets bas autrement dit la Fabrio les-
» quels... ce qu'ayant entendu le dit seigneur
» abbé, ému de commisération et d'amour pour
» ses vassaux, leur a cédé et baillé le dit territoire
» d'Auriol contenant trente seterées ou plus qui
» se confrontent..... lequel territoire leur est cédé
» tant pour faire du blé que pour la dépaissance
» de leurs bestiaux.... le dit seigneur abbé et ses
» successeurs ne pourront plus rien exiger que la
» censive et le droit d'usage qui sera trois quarts
» d'avoine belle et marchande portée au dit abbé
» à chaque fête St-Julien ainsi que deux poulets
» gros et gras à la fête St-André... se réserve pour
» les habitants de la ville seulement et en consi-

» Berdery presbytero, et me Antonio Carquet no-
» tario grossatum est. »
Copie de cette pièce a été mise à notre disposition par M. Edouard Soulier, propriétaire à Nant, elle est en latin et en français.

» dération de leur soumission et bienveillance la
» faculté d'aller prendre dans la partie cédée de
» bois gast pour le service de leur four jusqu'à
» ce qu'il en soit autrement ordonné.... les mains
» mises sur les saints Evangiles de quoi ils ont re-
» quis acte public par nous Antoine Carquet no-
» taire, fait et concédé en présence de messire
» Pierre Joly religieux au monastère, Jean Co-
» meygnes, Pierre Pons prêtre et Jacques Ber-
» dery aussi prêtre. »

Nous devons ajouter que la partie supérieure du bois d'Auriol avait déjà été inféodée d'après le même acte aux habitants des Fraissinet haut et que tout ce terrain faisait probablement partie de la vallée des loups donnée autrefois au monastère par saint Fulcran.

Halle et marchés.

Nous avons vu quelle était l'importance de Nant au XIVe et au XVe siècle et le rôle influent de cette place forte dans la défense de l'extrême Haute Marche.

Nant était ville libre, ne relevant que de l'abbé du monastère qui en était seigneur ; privilège dont la population tant civile que religieuse était extrêmement jalouse à cause des marchés qui y avaient été concédés depuis longtemps par plusieurs lettres royales.

L'existence d'un marché hebdomadaire qui se tenait depuis longtemps le samedi, est affirmée sur les registres des délibérations des consuls. Dans une séance tenue le 20 octobre 1754, une première délibération fut prise dans laquelle on lit : « Les Nantais demandent au Roy de chan-
» ger le jour de samedi comme marché et de le
» porter au jeudi. »

Ce marché avait été concédé aux Nantais pour la raison ci-dessous « Conformément au privi-
» lège du xiiie siècle accordé par le Roy pour cause
» des services rendus par les habitants de Nant
» à sa Majesté et à l'Etat consistant, suivant l'é-
» numération faite dans le dit privilège, pour
» avoir défendu jour et nuit le parti du Roy au
» péril de la vie ; pour s'être rançonné pour
» sortir les Anglais de la ville et avoir souffert
» beaucoup de mauvais traitements et fatigues
» à cet égard ; lequel privilège fut confirmé pour
» les mêmes causes par le Roy Henry quatre en
» l'année 1596. »

Dans une délibération prise par les consuls vers la même époque, il est dit : « Que les mar-
» chés et foires de Nant qui pendant trois cents
» ans avaient été si florissants, y apportant cha-
» que semaine la vie et la prospérité, décli-
» naient depuis quelques années, surtout de-
» puis que la ville de Saint-Jean, sans aucune
» autorisation ni titre quelconque, avait établi

» le même jour des marchés et des foires pour
» concurrencer ceux de Nant. »

A cette occasion et pour cette raison les consuls voulant faire respecter les droits séculaires concédés aux Nantais décidèrent dans une délibération fort longue et fort motivée de porter leurs doléances au Roy.

On y apprend que « les titres authentiques
» autorisant ces marchés avaient disparu lors
» des troubles et incursions arrivées au dit Nant
» sur la fin du quinzième et le seizième siècle
» par la fureur des calvinistes du dit Saint-Jean,
» mais des copies possédées par des particuliers
» furent collationnées et authentiquées avec les
» originaux déposés aux archives de sa Majesté
» 4ᵉ Vᵉ 5ᵉ recto et verso, portant extrait des let-
» tres patentes accordées par Louis fils de feu
» roy de France au mois de juin 1369 et ratifiées
» par un édit du Roy Charles de l'année suivante
» etc. etc. »

Les privilèges accordés par le roi étaient les mêmes que ceux accordés à Millau et à Saint-Affrique.

Pour tenir les marchés hebdomadaires ainsi que quatre foires qui avaient été concédées et dont l'une était tenue pendant trois jours consécutifs les 2, 3, 4 novembre, les Nantais avaient construit la halle ou Cestayral sur la place du Claux.

Cette construction massive, qui existe encore de nos jours, forme voûte soutenue de chaque côté par six piliers carrés, que relient cinq arceaux à plein cintre et formant ouvertures.

Ce monument, qui manque d'élégance mais qui se distingue par son originalité, mérite d'être entretenu et conservé. Le côté nord avait été primitivement muré afin de donner ainsi un abri plus sûr aux grains qui n'étant pas vendus à chaque marché, y restaient en dépôt.

Pendant très longtemps, l'importance de ces marchés fut très grande. Depuis leur inauguration jusqu'en 1739, époque où ceux de Saint-Jean leur firent concurrence, ils étaient suivis par une population qui ne craignait pas de venir de l'Hospitalet, Sainte-Eulalie, toutes les Cévennes, le Caylar et même Lodève.

Pour faciliter la venue à Nant des vendeurs ou acheteurs, les consuls s'imposèrent plusieurs fois pour l'entretien des chemins que nous avons aujourd'hui délaissés.

En 1718, l'affermage du droit de courtage fut porté par l'adjudicataire à la somme de 800 livres et à celle de 789 livres l'année suivante. Cela seul doit suffire pour juger de leur importance.

Les droits perçus de temps immémorial étaient de 8 deniers pour chaque setier de froment, seigle, orge, mixture. L'avoine payait un sol.

C'est donc avec raison que Mᵉ Guérin, avocat consul, vers 1670, a pu dire dans sa description de Nant :

> A qui dins lou mercat que se ten lou dijoux
> Trouvas de vi, de pan, de froumatge omai d'ioux
> De touzello, froumen, de paoumoulo gronado
> D'ordy, de couségal et de belo sibado
> De sial et de mil et force canabou
> D'als, de sebos, de nats quand sen dins la sasou
> Las Cevenos, St-Jean, tout aquelos montagnos
> Venou croumpa de blat et portou de costagnos
> Car sans nostres mercats aqueles cevenols
> Non manjarian qu'aglan coumo lous esquirols.

Vers qui sont cités dans une délibération pour appuyer les raisons militant en faveur de l'importance des marchés de Nant.

24, 25, 26. — Jean d'Eralh ou Héral était encore abbé de Nant en 1512.

Depuis cette époque, jusqu'en 1536, nous n'avons aucun document pour nous renseigner sur notre pays.

L'abbaye de Nant fut-elle gouvernée, dans cet intervalle, par deux abbés que la *Gallia christ.* nous fait connaître seulement en ces termes ?

1° O. (Odilon, Odon ?) abbé de Nant est mentionné dans des lettres de W (Guilhaume), évêque de Tournai et légat du Saint-Siège.

2° Gérald, abbé de Nant, est nommé dans le

vieux nécrologe de saint Robert de Cornilion comme étant mort le XII des calendes d'octobre mais sans inscription de date (1).

Le manque de précision de ces documents nous interdit de rien affirmer.

En 1525, François 1er ayant été fait prisonnier le 24 février à la bataille de Pavie, l'abbaye de Bonnecombe vend, pour contribuer à sa rançon, le domaine de Puymenade ; Conques, son argenterie ; et toutes les autres maisons religieuses du Rouergue font pour le même objet les plus grands sacrifices (de Gaujal). Nul doute que l'abbaye de Nant ne contribuât à la délivrance du roi en puisant dans la caisse de la trésorerie.

H. Affre (*Mœurs et coutumes du Rouergue*, p. 303) signale Vital d'Héralh « déjà abbé le 5 août 1536. »

Ce renseignement trop laconique nous interdit aucun commentaire, cependant nous croyons pouvoir affirmer qu'il était fils de Vital Hérail seigneur de Lugans et de marquise d'Estaing veuve du seigneur de Pomayrols et par conséquent le neveu de Jean Hérail que nous avons connu déjà abbé de Nant.

---

(1) *Gall. christ.* : « O abbas Nantensis recensetur
» in litteris W Tornacensis episcopi et apostolicæ
» sedis legati, numericis notis destitutis. Geraldus
» abbas de Nant legitus obiisse XII col. octobris in
» vetusto necrologio Sti Roberti de Cornilione, sed
» annus minime notatus. »

Guerres de religion

« En 1534, dit de Gaujal, ou au plus tard
» l'année suivante, Calvin commença à dogma-
» tiser. La réforme eut d'abord des sectateurs à
» Millau. Nous ignorons si dès les premiers
» temps de son apparition elle en fit à Nant. »
Cependant, malgré plusieurs édits du roi contre les novateurs, leurs opinions religieuses avaient fait de grands progrès dans le Rouergue. Les calvinistes s'étaient répandus dans nos contrées voisines des Cévennes, leur infiltration avait pénétré jusqu'à Saint-Jean-du-Bruel et à Nant. Déjà, en 1559, l'abbesse de Nonenque avait abjuré sa foi pour contracter mariage. Nous savons aujourd'hui qu'un religieux du nom de Lesponas quittant le monastère de Nant embrassa la réforme (1).

C'est probablement pour réconforter les autres moines dans leur foi et les prémunir contre toute atteinte nouvelle que le Pape Jules II leur adressa, en 1559, une bulle attestant « que jus-
» qu'à cette époque on avait observé dans ce
» monastère l'abstinence de la viande, les jeû-

---

(1) *Mémoires d'un calviniste* (Rigal, p. 78). Le capitaine de Cantobre Lesponas qui avoict esté moine de Nant.

» nes réguliers, les veilles de la nuit, les che-
» mises de serge, le dortoir et le réfectoire com-
» mun, la pauvreté et la désappropriation dans
» les offices claustraux, etc. »

A la fin de 1560, la réforme était prêchée publiquement à Millau où la religion catholique fut abandonnée par quelques-uns de ceux qui auraient dû être ses plus fermes soutiens ; plusieurs prêtres et religieux passèrent dans le camp des religionnaires ; en 1561, les calvinistes y possédaient presque toutes les églises.

C'est à notre avis vers cette époque, entre 1559 et 1561, que les calvinistes se rendirent par la force maîtres de Nant et brûlèrent en partie le monastère pour punir les religieux de leur résistance. « Pendant dix ans, au seizième siècle
» dit Malte-Brun, Nant fut au pouvoir des pro-
» testants qui en furent chassés par les catholi-
» ques en 1568 ».

Nous avons vu dans la délibération citée dans le chapitre halles et marchés, que cette destruction fut opérée par les calvinistes de Saint-Jean-du-Bruel qui, jaloux des concessions et prérogatives dont jouissaient les Nantais, avaient voulu par cette destruction faire disparaître les titres authentiques, afin qu'ils ne pussent désormais s'en prévaloir pour la tenue de leurs marchés.

Dans une autre délibération tenue par les con-

suls le 25 mars 1769, « il y est dit notamment
» qu'un chapitre régulier existait à Nant depuis
» neuf siècles, de douze bénédictins de l'an-
» cienne observance avec abbé commentaire,
» que les cloîtres étaient détruits depuis le
» *temps des troubles* et qu'ils n'ont pu depuis
» deux cents ans mener la vie commune », grief
qui alors leur était fait par l'autorité ecclésiastique voulant dissoudre le chapitre abbatial.

Nous ignorons cependant les péripéties de la lutte et les efforts que fit la population pour conserver le monastère mais qui dut céder devant la violence des Saint-Jeantais.

C'est de là que vient l'origine des haines entre Nant et St-Jean, lesquelles après avoir souvent ensanglanté notre pays se perpétuèrent jusqu'à nos jours mais que nous voyons disparaître cependant peu à peu.

Cantobre, qui tenait pour la religion réformée, était une place forte que commandait alors le capitaine Lesponas.

« Celui-ci (que avait esté moine de Nant) de
» concert avec les capitaines Sausset de Millau ;
» St-Paul de Compeyre, et le capitaine de Cor-
» nus ravagèrent « bestial gros et menu à Ste-
» Eulalie, Lapanouse-de-Cernon, Cornus, La
» Pesade et allèrent mettre le siège devant la
» Couvertoirade ; mais ils furent taillés en piè-
» ces par l'évêque de Lodève Claude Briçonnet

» qui leur enleva chivalerie et butins et ba-
» guage (1). »

La paix de Longjumeau avait été faite le 23 mars 1568. Deux jours après, le roi dans un édit déclarait ne vouloir qu'une religion en France et ordonnait à tous les ministres calvinistes de sortir du royaume.

Ce fut le signal d'une nouvelle guerre. Les protestants n'avaient point attendu ce moment pour la faire avec avantage ; ils avaient rassemblé une armée de 22.000 hommes de pied et de 12 à 15.000 chevaux dans le Midi, que commandait Jacques de Crussol seigneur d'Acier

D'après les mémoires d'un calviniste déjà citées « : Nant fut prins par mossur du Ram et
» son lieutenant Vinte, sens i faire aulcun mal
» lesquels sont de la religion ». Ce qui prouve que Nant était entre les mains des calvinistes (du 11 septembre 1568).

Le baron de Gaujal citant le journal manuscrit tenu (2) par un bas officier ou soldat de l'armée de d'Acier dit : « Que parti d'Uzès le 23 sep-
» tembre pour se rendre en Perigord, d'Acier
» entra en Rouergue le 29 du même mois par
» Sauclières : une partie de ses troupes coucha

---

(1) *Mém. d'un calviniste,* abbé Rigal, p. 78, anno 1562.

(2) Pièces fugitives d'Aubays, exploits du cap. Merle.

» à Saint-Jean-du-Bruel ; la compagnie du Ca-
» pitaine Celarie à Figairoles (Fougairolles) ha-
» meau de quatre maisons, les autres compa-
» gnies à Nant. Le jeudi 30 septembre on monta
» beaucoup ; on passa un causse qui dura trois
» grandes lieues et où l'on ne trouva point d'eau
» (c'était le Larzac que ces troupes traversèrent
» dans la partie la plus aride et la plus couverte
» de rochers), on descendit la montagne et on
» arriva à Millau. »

Nous ne suivrons pas cette armée plus loin. Bornons-nous à dire qu'elle fit périr cent cinquante-sept personnes à Saint-Rome-de-Tarn et brûla la cathédrale de Vabres après avoir rançonné l'Evêque.

Si le soldat chroniqueur ne dit rien sur Nant c'est bien parce que notre pays, comme le dit Malte-Brun, était alors aux mains des huguenots dont les exactions exaspéraient probablement les habitants.

Un mois après, le 28 octobre (1) « Nant fust re-
» prins par les paspites, perce que le capitaine
» Montrosier l'avaict relanxé quelques six
» avoit (?) perce que l'avoient desmantelé un
» peu et les portes bruslées. Mais les papistes le
» relevèrent et le tindrent, le capitaine Peis-
» son, de Lodève. Dont, le cap. Montrosier

---

(1) *Mém. d'un calv.* Rigal, page 178.

» aïant laissé le dit Nant, se saisit du fort de
» Cantobre. »

Cependant le fameux Montbrun qui commandait les Dauphinois de l'armée d'Acier, l'ayant appris vint mettre le siège devant Nant avec trois cents arquebusiers, l'année suivante, 1569.

« Or, pendant que le dict Creiseils était assiégé,
» Mossur de Monbrun, capitaine des Savennes,
» se achemina droit Nant avec 300 arcabosiers
» per le assiéger ; de sorte que le dit Monbrun
» feüst mal advisé : car le dit Monbrun estant entré
» dans la rivière et la ville, les papistes sortirent
» de Nant à chival, tellement qu'ils mirent
» toute l'infanterie en déroute dont, en
» tuerent environ 50, tellement que le dit Monbrun
» se saulva à Cantobre, que tenait per la
» religion et les autres qui peüt. Des papistes
» n'en moreüst guières (1). »

En avril 1569, la garnison huguenote de Cantobre voulant faire la cène, prévint le Ministre de Saint-Jean-du-Bruel ; les Nantais ayant été avertis, convoquèrent les papistes de la Cavalerie, Sainte-Eulalie, Creissels et autres lieux, et se mirent en embuscade entre Nant et Saint-Jean, mais ayant été découverts, ils furent battus par ceux de Cantobre et de Saint-Jean, et il

---

(1) Rigal, *Mémoires d'un calv.* p. 183. Malte-Brun, *France contemporaine.*

y eut beaucoup de blessés, dont trois moururent peu après, et cinq noyés (dans la Dourbie) tandis que les religionnaires rentrèrent sains et saufs dans leurs forts respectifs (1).

En octobre 1569, La Liquisse est prise par ceux de la Religion. Les protestants attaqués par les Nantais abandonnèrent le fort où étaient deux papistes qui leur en fermèrent les portes, mais ils le reprirent par stratagème (2). Ils s'y fortifièrent et en étaient encore les maîtres en 1570, car le 29 juillet « les soldats huguenots de Millau et
» d'ailleurs se réunirent à ceux de la Liquisse
» pour surprendre Nant ; mais ceux de Nant
» avertis dens Millau avait gens traistes surtout
» un mossur de Comairas, lequel estoit du con-
» selh de la ville, lequel les papistes le tuèrent
» à la Grave se jetèrent sur les religionnaires
» avec les chivaux (ils étaient six hommes à
» cheval) en tuèrent 14 et en blessèrent 4. Le
» capitaine Marmairo resta sur le carreau. Les
» papistes eurent 5 morts et pas de blessés (3) ».

Le calme régnait dans la petite ville de Nant et aux alentours depuis deux ans quand survint le massacre des calvinistes dans la nuit du 24 au 25 août 1572, jour de la St-Barthélemy.

---

(1) Rigal, *Mém. d'un calv.*, page 190.
(2) id..... page 204.
(3) id..... page 215.

« Cet exécrable événement, dit de Gaujal, fut
» d'autant plus déplorable pour le Rouergue que
» la paix semblait y être entièrement rétablie.
» Cependant le bruit s'y était répandu qu'il rè-
» gnait de la mésintelligence et même qu'il y
» avait eu des voies de fait entre les catholi-
» ques et les calvinistes du Languedoc et, pour
» empêcher les conséquences que pourrait
» avoir une pareille rumeur dans les villes de
» la province où se professaient les deux reli-
» gions, les habitants firent un accord pour vivre
» dans l'union et prévenir toute espèce de
» troubles. Honoré de Savoie, gouverneur de la
» Guienne, et Antoine de Levis, seigneur de
» Caylus, sénéchal du Rouergue favorisèrent cet
» arrangement que firent devant eux les dépu-
» tés de Millau, Compeyre, Nant, St-Affrique,
» Creyssels, St-Rome etc. le 2 septembre 1572. »

Mais les bonnes dispositions des Calvinistes ne tardèrent pas à s'altérer et ils voulurent se venger de la Saint-Barthelemy. Une compagnie de 120 arquebusiers fut levée à Millau et une guerre que nous ne suivrons pas éclata dans le Languedoc entre catholiques et protestants.

Un cinquième édit de pacification fut donné par le roi le 14 mai 1576. L'exercice public, libre et général de leur religion fut enfin concédé aux calvinistes sauf à Paris et à la Cour ; il fut défendu d'attaquer le mariage des prêtres dont

Millau, Nant et autres localités avaient été déjà les témoins, mais que Nant devait encore voir se renouveler deux ans plus tard.

27. Jean Izarn de Fraissinet. — Les moines dispersés avaient alors pour abbé Jean Izarn de Fraissinet.

Il était fils d'Antoine Izarn, seigneur de Fraissinet, chevalier, qui épousa le 25 janvier 1531 Gabrielle Hérail, fille de Vital Hérail, seigneur de Lugans, et de marquise d'Estaing, veuve du seigneur de Pomairols et nièce de François d'Estaing, évêque de Rodez. L'abbé Jean de Fraissinet était par conséquent par sa mère petit-neveu de Jean d'Hérail, abbé de Nant, que nous avons vu donnant des inféodations aux habitants des Fraissinets bas, vulgairement appelé le Fabrio, et neveu de Vital Hérail que nous signale H. Affre comme abbé de Nant le 5 août 1536.

Jean-Izarn de Fraissinet qui fut probablement religieux à Nant sous la direction de son oncle Vital, lui succéda sur le siège abbatial en pleine période des troubles de religion.

Etait-ce avant la destruction du cloître par les calvinistes, était-ce après ? Nous ne saurions le dire. Son père s'était marié en 1531, il pouvait avoir de 30 à 35 ans. Toujours est-il que les nouvelles doctrines avaient pénétré dans son esprit et ébranlé sa foi. Jetant le froc, la crosse et la mitre, il se fit calviniste et se maria, en 1578, à Françoise Alby, fille de Jean Alby et de Barbe de la Panouse.

On l'appelait le capitaine de Fraissinet et on croit qu'il fut l'auteur de la branche des Fraissinet de Cruéjouls (1).

Parmi les citations des *Mémoires d'un calviniste* qui, parfois, sont un fatras incompréhensible, on lit page 436 : « En l'été de 1580, les pay-
» sans firent entrer par trahison un mossur de
» Trollas, moine de Nant, dans la tour de l'Espi-
» talet et celui-ci avec sa troupe sans doute « tua
» le reste des soldats qui estoient dedans, leur
» capitaine était mort de maladie, ce qui per-
» mit de faire ce coup. Ce Trollas était frère de
» Mossur de Frayssinet (2) et avait été chassé
» blessé de l'Hospitalet dont il était capitaine,
» par le capitaine Colobrines qui s'était intro-
» duit par trahison dans la tour avec un de ses
» compagnons (3). »

Pour donner une idée de ce que furent ces guerres de religion qui non seulement jetèrent la perturbation dans les esprits et les consciences,

---

(1) D'après des notes communiquées par M. le chan. V. Bouat.
(2) Voir de Barrau, t. II p. 9 et suivantes.
(3) *Mémoires d'un calviniste.*

mais qui occasionnèrent tant de ravages dans nos contrées, qu'il nous suffise de citer, d'après de Gaujal, ce que Fromenteau écrivait en 1581.

En ce qui concerne le diocèse de Vabres dont Nant faisait alors partie : 7.681 personnes avaient péri à cette époque par exécutions ou massacres, savoir : 20 ecclésiastiques, 82 gentilshommes catholiques, 79 calvinistes, 4.200 soldats catholiques, 3.300 soldats calvinistes. En outre, 900 maisons avaient été détruites et ce n'était pas encore la fin.

Le roi de Navarre Henri II, plus tard Henri IV, qui possédait le Rouergue par sa mère Jeanne d'Albret, avait publié une réponse aux prétentions de son oncle, le cardinal de Bourbon, qui avait insinué dans un manifeste que le trône devait lui appartenir à défaut d'enfants mâles d'Henri III.

Le roi, à cette occasion, avait signé à Nemours le 7 juillet 1785 un traité avec les ligueurs révoquant tous les privilèges accordés aux calvinistes. Ceux-ci, mécontents, reprirent les armes et la guerre continua en Rouergue comme d'ailleurs dans tout le royaume.

Henri II leur chef donna, le 18 août, commission à Antoine de Tauriac seigneur de St-Rome de mettre sur pied 200 arquebusiers. Tauriac exécuta cet ordre et fut tué à la Liquisse le 6 octobre combattant à la tête de ses troupes. Son but était probablement de se diriger sur la place forte de Nant qui, comme le château fort de la Liquisse, était alors aux mains des catholiques.

Devant la menace d'un siège et d'une seconde dévastation de ce qui restait du cloître, le trésorier de l'abbaye de Nant, voulant soustraire à la rapacité des sectaires le dépôt dont il avait la garde, enfouit secrètement le trésor dans une chapelle de l'abbatiale. Surpris par la mort très probablement, il emporta son secret dans la tombe.

Ce trésor ne fut accidentellement retrouvé qu'en 1818, lors du pavage que l'on fit dans l'église. Il se trouvait dans la chapelle Saint-Roch à peu de profondeur du sol et était composé de pièces d'or estimées 4.000 fr. et 400 fr. en argent.

Ces pièces étaient au millésime de 1578, à l'effigie de Henri II roi de Navarre (livre de paroisse).

ABBÉS COMMENDATAIRES
CRÉATION D'UN CHAPITRE ABBATIAL.

28. Jacques II. — Après l'abjuration de Jean Izarn de Fraissinet, Jacques II de Tesan fut abbé commendataire en 1579. « Jacobus II de Tesano commendatarius 1579 » (1).

---

(1) *Gall. christ.*

Nous ne sommes pas de l'avis de l'auteur de la notice sur Saint-Pierre de Nant qui le fait mourir à cette date. 1º Il ne connaissait rien de l'abbé Jean Izarn de Fraissinet. 2º Il ne comble pas un intervalle de 17 ans entre cette mort et la nomination d'un autre abbé en 1597, dont il sera ultérieurement parlé.

Quelles furent les graves raisons de l'érection de l'abbaye de Nant en commende ? La démolition de la plus grande partie du monastère et la dispersion des moines qui ne pouvaient plus vivre en commun ; l'affaiblissement des idées religieuses, telles en furent, à notre avis, les principales raisons. Les moines continuèrent à desservir la majeure partie des paroisses qui relevaient du monastère depuis son érection en abbaye en 1135 et se constituèrent en chapitre abbatial. L'abbé commendataire en général ne résida plus dans le monastère où il n'avait aucune juridiction spirituelle sur les religieux. Son droit était de percevoir la plus grosse part des revenus de l'abbaye et de conserver dans ce qui restait du monastère des appartements de grand seigneur où il allait de temps en temps comme dans une villa.

Un prieur claustral le remplaçait dans la direction de l'abbaye dont la décadence était manifeste et qui n'était que l'ombre de ce qu'elle avait été autrefois.

Les abbés commendataires restèrent seigneurs temporels de Nant. Ils avaient conservé en cette qualité sur la ville toute la juridiction civile. Le revenu qu'ils percevaient sur les biens de l'abbaye était de 6.000 livres.

Les registres de l'état civil de Nant remontent à 1582. Inaugurés par M. Bérengerier Roussillon, vicaire perpétuel de l'Eglise St-Jacques, ils furent rédigés par lui pendant plus de quarante ans.

29. Jean de Fraissinet, docteur en droit, prêtre, vicaire général du Révérendissime François de Corneillan, évêque de Rodez, succéda comme abbé de Nant à Jacques de Tesan. D'après une feuille de pouvoirs adressée au recteur de St-Christophe ainsi conçue « Joannes de » Frayssinet, presbyter, Jurium doctor, abbas de » Nant, vic. g. R. in Xto Dⁿ Dⁿ Francisci de Cor- » neillan Ruth. Epi. Anno 1597 (1). »

Ses armoiries étaient : Ecu surmonté de mitre et de la crosse et contenant un frêne (fraysse).

Il y a par conséquent lieu de ne pas le confondre avec Jean Izarn de Fraissinet, que nous avons vu embrasser la réforme dix-neuf ans auparavant.

L'abbé Jean Izarn de Fraissinet avait été pro-

---

(1) Note communiquée par M. le ch. V. Bouat.

posé en 1592 pour l'évêché de Vabres. Il était le cousin germain de l'abbé-capitaine huguenot et fils de Vital Izarn de Frayssinet et de Jeanne de Thézan mariés en 1564 (1). Cette dernière, fille d'Antoine de Thézan et Marquette de Combet, était probablement la sœur de Jacques de Tésan, premier abbé commandataire de Nant. Ainsi expliquerait-on la nomination de Jean Izarn de Fraissinet succédant à son oncle. Les alliances entre familles se perdant dans la nuit des temps forment un réseau inextricable que l'on pourrait parfois élucider par le rapprochement de certains noms. La mère de l'abbé Jean de Fraissinet, Marquette de Combret, ne serait-elle pas une descendante de Arnaud de Roquefeuil, seigneur de Combret, en 1319, frère de Raimond de Roquefeuil comtor de Nant et dont la lignée serait tombée en quenouille ?

La famille d'Izarn de Fraissinet est une des plus vieilles familles Nantaises. Nos grands-pères ont connu le chevalier de Fraissinet, qui fut maire de Nant pendant assez longtemps au commencement du siècle dernier sous Louis XVIII ; nous avons connu son fils Joseph Izarn de Fraissinet qui, marié à une de Solages, batit vers 1858 le château qui appartient aujourd'hui

---

(1) D'après des notes communiquées par M. le ch. Bouat.

à l'héritière Calvet-Roux, épouse du lieutenant Curières de Castelnau.

L'abbé Jean Izarn de Fraissinet, vicaire général de l'évêque de Rodez, ne jouit pas longtemps des revenus attachés à son bénéfice. Il eut pour successeur en 1599 :

30. Arnaud d'Ossat, 1599, doyen de Varen dans le diocèse de Rodez.

Quatre années auparavant, le futur abbé de Nant, désirant apporter son concours dans la solution d'un grave litige existant entre François de Corneillan évêque et la ville de Rodez ou plutôt ceux qui la gouvernaient pendant les derniers troubles, écrivit une lettre au secrétaire d'Etat Villeroy dans laquelle il disait : « J'es-
» time que le roi ferait une œuvre digne de sa
» majesté, de faire qu'ils s'entrecompâtissent
» ensemble sans plus quereller entre eux, ni
» plaider hors le royaume, et que chacun re-
» tournât à son devoir » (B. de Gaujal).

Cette lettre ne fut point inutile, car le Sénéchal du Rouergue et le roi lui-même, après avoir accepté le traité passé entre l'évêque et les députés ruthénois ordonnèrent entre autres : « Que l'évêque, ses domestiques, ar-
» chidiacres, chanoines, ecclésiastiques et au-
» tres habitants de Rodez qui l'avoient suivi et
» assisté rentreroient si bon leur sembloit dans

» la dite ville pour y demeurer et jouir de leurs
» biens, honneurs, prérogatives, prééminences,
» libertés et franchises ; que l'évêque pourrait
» faire rebâtir sa maison épiscopale sur les fon-
» dements et vestiges de celle qui avait été dé-
» molie....... que le crime de ceux qui avoient
» tué, blessé, pillé les blés, vivres, munitions,
» bestiaux, meubles de part et d'autre étoit aboli
» et toute procédure annullés » (Bosc, t. 2 p. 588).

Ce fut grâce à l'abbé d'Ossat, qui était alors bien en cour que le roi Henri IV confirma les privilèges de la ville de Nant concernant les marchés octroyés en 1369 et 1370.

Nommé plus tard cardinal, Arnaud d'Ossat fut envoyé du Roi à Rome où il mourut en 1604.

Son successeur fut :

31. Henri-Anne-Robert de Melcun, 1605, que la *Gall. chr.* nous fait connaître en ces termes : « Henricus-Annas-Robertus de Melcun 1605. »

A cette époque, le duc de Rohan soutenait dans le Rouergue et le Midi une campagne en faveur des Calvinistes.

Ce chef passa en 1625 aux alentours de Nant qu'il négligea probablement à cause de ses remparts, pour aller surpendre Saint-Jean-du-Bruel qui voulut lui résister, mais qui se soumit dès qu'il fit mine de l'attaquer.

Une deuxième fois, de retour en octobre 1627, de Rohan après avoir pris le pont d'Arrhe et Arrigas monta à Saint-Jean-du-Bruel se dirigeant droit vers Millau.

Cette nouvelle campagne surrexita encore les esprits et de nouveaux troubles désolèrent notre pays. Nous en donnons pour preuve les registres de décès de ces malheureux temps que nous citons textuellement :

1622 et le 13 janvier furent tués par les hérétiques Mes Guibert et Vidal prêtres et vicaires des Cungs ; Jean Boussinesq dit Jean Gran d'Ambouls ; Olivier Nouguier ; Jean Lourdou de Montpeyrous ; Antoine Bonnet du lieu d'Arre ; Sargues ; Cavalier de la Blaquière ; Pierre Chalié du lieu de Vèbre (Nant) soit neuf personnes dans même journée.

1622, et le 13 août : Fut tué par les hérétiques Anthoine Bosc, du lieu de Lapanouse-du-Cernon.

1626, 1er janvier : Guilhaume Durand fut tué dans la maison du capi. Astide, prévôt de Sauclières.

1626, 4 mars : Furent tués par les hérétiques au Valat de Garenne, Savoie, Ramond, Blancard, Louys Fabril, Marc Vergnes et Pierre Daniel.

1628, 19 janvier : Fut tué par les hérétiques de Saint-Jean-du-Bruel, Pierre Fabre.

1628, 30 janvier : Anthoine Sauveplane fut tué par les hérétiques au-dessus de la vigne de...

1628, 19 novembre : Un soldat de la compagnie de Picardie.

1629, 24 avril : Pierre Jaoul fut tué par les hérétiques de Saint-Jean-du-Bruel.

1629, 28 mai : Jean Cabanel et Jourdan du lieu de Vissec, furent tués par les hérétiques de Saint-Jean-du-Bruel, près le Fraissinet.

1629, 19 juin : Pierre Escabril fut tué par les hérétiques de Saint-Jean-du-Bruel.

Jetons un voile sur ces scènes d'horreur provoquées par l'exaltation des esprits et la bêtise humaine.

32. Raymond. — Nous devons donner comme successeur à l'abbé de Melcun, l'abbé Raymond dont il est fait mention dans les archives de Rodez (série E, titres de famille, p. 47) au sujet d'un hommage fait par noble Guidon de Frotard de Cantobre à Raymond abbé de Nant au XVII° siècle (1).

---

(1) D'après une note de M. le Ch. V. Bouat.

33. Jean-Jacques de Febvre (1). — Cet abbé que la *Gall. christ.* ne nous fait connaître que par la date de sa mort 1658, a été immortalisé à Nant par une poésie de dom Guérin « le dialogue de l'ombre de l'abbé de Nant et son valet Antoine » qui n'est qu'une vive satire des abbés commendataires en général mais particulièrement de l'abbé De Fevre : « l'Epigramme
» est sanglante, dit l'abbé XXX dans sa notice,
» et les neveux de M. le Febvre ne durent pas
» s'en applaudir. A travers la naïveté des ré-
» ponses du valet à son ancien maître on aper-
» çoit les vices qui firent détester l'abbé de
» Nant : *Sabé que benets croumpa de tobac ou de*
» *vi* ; voilà pour l'ivrognerie : *Eh ! je viens tout*
» *exprès pour chercher mon trésor*, il avait thé-
» saurisé, il était avare. L'ombre prie Antoine
» d'aller demander aux habitants de Nant les
» dix mille francs réclamés par Caron et le va-
» let répond : *Que to pla les abets serbits à lour*
» *besoun, be serias pla bengut* ; voilà pour sa
» dureté pour les Nantais qui alors l'aurait bien
» reçu. »

« On raconte que notre satirique avait eu à
» se plaindre personnellement de l'abbé com-
» mendataire de Febvre mort, en 1658, aux en-

---

(1) *Gallia christ.* « J.J. de Febvre decessit 20 augusti 1658. »

» virons de Montpellier, où il faisait sa résidence
» habituelle. L'humeur caustique du moine
» poète était connue et chacun s'étonnait de son
» silence à l'endroit des injustices seigneuria-
» les. Ce silence prit fin à la mort du prélat, et,
» sur le bruit de l'arrivée prochaine de ses avi-
» des neveux à Nant : *Eh bé ! aro vau parla*, au-
» rait-il dit à ceux qui l'avaient autrefois inter-
» pellé inutilement ; et, peu de temps après, il
» fit connaître toute sa pensée dans le célèbre
» dialogue (1).

Dom Guérin nous dit lui-même dans ses poésies qu'il est né à Nant, où il est mort vers 1694 à un âge assez avancé.

Moine bénédictin de l'abbaye de Nant il était prieur de Saint-Pierre de Revens.

Ses œuvres poétiques publiées en 1876 par les docteurs E. Mazel et H. Vigouroux sont :

Sounet sus lou Valoun de Nant.
Fablo del loup et de l'ognel.
Fablo del raynal et del courpatas.
Lo Fablo de l'aze.
Fablo de lo creotiou del rey de los bestios o quatre pes.

Le docteur E. Mazel y ajouta, en 1884 :

Lou testament del noble Amans Couchard de Fraissinet de l'ordre de Saint-Crespy.
Le dialogue de l'ombre de l'Abbé de Nant et son valet Antoine.

---

(1) Poésies de dom Guérin, E. Mazel 1884.

La description de la ville et vallon de Nant en patois ne serait pas de Dom Guérin, comme on l'a cru jusqu'ici, mais de Mᵉ Guérin avocat, probablement son frère, qui fut consul de Nant pour le faubourg haut. D'après une délibération du 6 avril 1750 prise par les consuls de Nant dans laquelle il est dit : « On peut profiter du
» témoignage d'un auteur ingénieux nommé
» Mᵉ Guerin avocat de Nant qui, faisant la description
» de cette ville et valon, a fourny sans
» dessein par cet ouvrage qui a paru depuis
» plus de cent ans un sincère témoignage de la
» pocession des marchés en cette communauté
» par les vers vulgaires suivants : ol mercat que
» se ten ol dilus et dijoux — cités plus haut.

34. Jean de Bentivoglio fut abbé de Nant jusqu'en 1694. Il avait été pourvu de ce bénéfice seigneurial dans le mois de septembre 1658. Contrairement à son prédécesseur, il dût remplir les devoirs de sa charge avec charité et désintéressement : c'est, du moins, ce que nous laisse entendre dom Guérin quand il met dans son dialogue, ces paroles sur la bouche du valet Antoine :« Hors qu'ajats per cautiou moussu de Bentavoli ». Quand on donne quelqu'un pour caution, c'est qu'on le reconnaît honorable et désintéressé.

Création d'un collège.

Par acte du 29 avril 1662, reçu Claude notaire à Nant, Pierre de Malhac seigneur de Magalas (propriétaire alors du château de Beauvoisin) en considération de l'affection qu'il avait pour la ville de Nant voulut établir un collège pour l'éducation de la jeunesse et donna à la commune de Nant une somme de 30.000 livres pour l'établissement du collège qui devait être régi par les pères de la doctrine chrétienne sous la mutuelle stipulation et acceptation de Jean Servel et Me Tressan alors consuls de Nant faisant pour tout le corps de la communauté et du père Guibert prêtre de la doctrine chrétienne et recteur du collège de Villefranche faisant pour tout le corps de la compagnie.

En conséquence et par acte reçu 16 juillet 1662 les consuls et communauté ayant traité avec la congrégation, les vœux du fondateur furent remplis et les Pères chargés du dit collège.

Il fut encore convenu qu'au-dessus de la somme de trente mille livres la communauté du dit Nant ferait aux Pères une pension annuelle et perpétuelle de 300 livres et leur fournirait un sol de trente cannes carrées pour y construire leur maison lequel serait exempt de taille de main morte tant pour le passé que pour l'avenir (1).

Par acte 1664, les hoirs (héritiers) de M. de Magalas, voulant se libérer de la charge imposée par l'acte de donation, cédérent à la communauté de Nant la somme de 30.000 livres, une métairie noble dite de Malhac, une pièce à Roc Nantais, et le surplus fut payé au moyen de la cession de la seigneurie noble de Trèves consistant en censives, champarts et suivant l'acte du 3 mai 1667 reçu M. Cassanas, notaire à Toulon (2).

Chaque année, depuis cette époque les consuls inscrivirent dans la confection des roles une somme de 300 livres pour les Pères doctrinaires.

Ce collège fut un des plus florissants du Rouergue. On y enseignait les belles lettres et la philosophie. Pendant cent vingt ans il attira à Nant quantité de jeunes étrangers pour s'y instruire.

Il disparut à la Révolution lors de la dissolution de la congrégation des doctrinaires. L'établissement n'ayant pas été vendu comme bien national fut donné en 1805 par l'Empereur à la commune pour y établir une mairie et des écoles publiques.

---

(1) Extrait d'une requête présentée par les Pères (délib. mun. 27 janv. 1791).

(2) Ext. d'une requet. présent. pour l'exonération de tout impôt.

Chapelle de St-MARTIN-du-VICAN

Erection de la chapelle du Claux.
Construction d'un hôpital a Nant.
Chapelle des pénitents blancs.

La petite chapelle de N.-D. des Claux fut bâtie vers 1660 par les soins de frère Jean de Constans, religieux de l'ordre de saint Benoit, au monastère et abbaye de Nant, sieur et prieur de Saint-Jean de Roquefeuil. Cela résulte de son testament fait le 15 juin 1672. (1)

« Item fonde à la chapelle qu'il a fait cons-
» truire au fond du Claux la vigne qu'il a assise
» au dela le pont acquise de feu Thomas Fer-
» rières ou de ses héritiers pour du revenu de
» ladite vigne entretenir ladite chapelle et qu'il
» soit dit chaque année par un des religieux
» dudit monastère à chaque feste Notre Dame
» chomable et à chaque feste Saint Benoist et
» Saint Sulpice et Saint Jean Baptiste une messe
» basse auquel prêtre célébrant sera donné huit
» sols et au clerc pour les chandelles ou
» service trois sols et veut que son héritier bas
» nommé délivre audit monastère les ornements
» de ladite chapelle qu'il a dans sa maison

---

(1) Ce testament nous a été communiqué par M. le curé André qui l'a trouvé dans les archives des Pénitents.

» comme calice et autres qui se tiendront pour
» le service d'icelle. »

En 1721, cette chapelle menaçant ruine, le chapitre de Nant décida d'y faire d'importantes réparations, d'après la délibération ci-dessous :
« Le vingt-sept du mois de may à l'issue de ves-
» pres ce jour d'hui dans la sacristie du vénéra-
» ble chapitre Saint-Pierre de l'abbaye de Nant,
» ordre de Saint-Benoist, capitulairement assem-
» blés à son de cloche, Messires Alexandre de
» Vernhes, sieur de Beaumont de la Capelle,
» prieur de Saint-Sauveur du Larzac et prieur
» claustral, Antoine Roussilhon capiscol prieur
» du Luc, George du Puel, sacristain, prieur de
» Notre-Dame des Cuns, Pierre Boyer prieur de
» Saint-Benoist, Jean de Picapère aumônier,
» Louis de Galtier sieur de Saint-Martin camé-
» rier et prieur de Notre-Dame de Sauclières,
» Alexis Brun infirmier syndic prieur de La-
» vaur, François Comayras sieur de la Bessède,
» et Guilhaume Restaix tous religieux profès
» du dit chapitre et composant la plus grande
» partie d'iceluy faisant tant pour eux que pour
» les absents, lesquels sachant que messire de
» Constans aussy religieux du dit chapitre avait
» fait bâtir une chapelle au fond du Claux
» du dit Nant pour laquelle il aurait laissé une
» pièce vigne, située au terroir de la prade.....
» Suit l'autorisation de vendre cette vigne pour

» le prix en être affecté à l'entretien et réparation
» tion de ladite chapelle. Suivent les signatu-
» res..... »

Cette réparation fut faite, en 1722, ainsi que le porte l'inscription qui se trouve sur le fronton de la porte de cette chapelle.

Le testament du religieux de Constans nous fait connaître qu'il y avait à cette époque, à Nant, un hôpital que ce religieux avait lui-même fait restaurer et qui fut l'objet de ses libéralités. D'après nos recherches, il occupait une partie des bâtiments du couvent des Ursulines.

« Item lègue à l'Hôtel-Dieu de la présente ville
» du dit Nant qu'il a fait réparer, quatre lits
» bois noyer garnis de paillasse, matelas, oreil-
» lers, couvertes et rideaux de cadis de Rodez
» avec le surciel à chacun, le bois de trois lits
» faits et façonnés seront pris de M. Pierre
» Picard charpentier..... plus lègue audit Hôtel-
» Dieu la somme de 1.000 livres pour être em-
» ployée à l'achapt d'un fonds, le revenu duquel
» sera employé par le soin et la direction des
» sieurs syndics dudit monastère, vicaire de
» l'église Saint-Jacques et premier consul de
» Nant, pour l'entretien de ladite maison et
» meubles cy-dessus mis, et cy-après plus lègue
» à ladite maison Dieu : un chaudron cuivre
» avec sa bassine, etc., etc. Suit une liste d'us-

» tensiles de cuisine, du linge, meubles........
» lesdits syndic et vicaire et consul auront soin
» annuellement d'en faire la vérification afin
» que rien ne s'écarte au préjudice desdits pau-
» vres. »

Saluons en passant la mémoire de cet insigne bienfaiteur des pauvres de Nant en exprimant le regret que son œuvre n'ait pas survécu jusqu'à nos jours, ayant sombré dans la tourmente révolutionnaire.

Ce testament est signé du testateur en présence de noble François de Corvare, sieur de Conty. M. Antoine Bruguière, lieutenant au marquisat de Roquefeuil, George Bruguière sieur de Canalettes, Me Pierre Pourquery notaire à Boyne, Jean Carles maître gantier, Comayras prieur de Saint-Sauveur, frère Carles, Restaix, chapelain de la chapelle Saint-Benoit, Picapère aumônier, P. Boyer, infirmier et syndic, J. Liquier religieux, Roussilhon prieur du Luc, de Miramon sacristain, Rouvier prêtre et chapelain et Bruguière notaire royal.

Ce religieux donnait en outre au monastère de Nant son château de Préveyrac, situé croyons-nous près de Saint-Germain, au-dessus de Millau.

La confrérie des pénitents blancs qui avait été probablement fondée à Nant après les troubles des guerres de religion, ne fut point non plus oubliée par le testateur : « Item lègue à la » confrérie des pénitents blancs de la présente » ville deux cents livres tournois qui seront em- » ployées à la bâtisse de la chapelle... »

L'inscription E. E. (erecta est) 1725, qui se trouve sur la porte de la chapelle dans le couloir donnant sur le Claux doit commémorer la réparation qui fut faite à cette église par le legs du religieux de Constans et par d'autres dons, tels que celui fait par Pierre Floret, natif des Cuns, soldat de la compagnie du duc de la Croix qui, mourant à l'hôpital royal diocèse d'Urgel, légua à la chapelle des pénitents blancs de Nant vingt-deux livres. D'après son testament, fait dans cet hôpital le 29 mai 1694 à Azéma, sergent, et Thomas Threbullet, soldat de sa compagnie, originaires de Nant. « Incontinenti » dabitis Penitentibus albis capelle dictæ villæ » viginti duas libras monettæ franciæ, etc. » (1).

Cette chapelle fut bâtie dans les dépendances de la maison du baron de Malhac attenant à la tour du moulin, elle fut adossée aux remparts de la ville dont le mur a un mètre trente d'épaisseur.

A côté de ces insignes bienfaiteurs auxquels nous nous plaisons de rendre hommage, nous devons signaler ceux qui, au mépris des lois

---

(1) Archives des pénitents.

justes de l'humanité, se rendaient coupables de crimes envers leurs concitoyens de Nant, dont nous devons naguère le récit à la *Revue hebdomadaire* qui cite dans une récente chronique un fait consigné dans les mémoires de Nicolas-Joseph Foncault, intendant provincial sous Louis XIV.

« Le 9 novembre, écrit-il, j'ai jugé au Prési-
» dial de Villefranche le procès criminel à trois
» gentilhommes nommés d'Albignac frères et
» leurs complices, pour meurtres, assassinats,
» violences publiques et autres crimes commis
» dans la ville de Nant située dans le haut
» Rouergue, en vertu d'un arrêt du conseil du
» 27 novembre 1676. Le chevalier d'Aire a été
» condamné à être rompu vif ; Ferrière d'Arri-
» gas et La Salvègne à avoir la tête tranchée et
» plusieurs de leurs complices à être pendus.
» L'exécuteur de la haute justice ayant mal fait
» son devoir, un des pendus fut tiré vif de la
» potence et ayant été au cabaret pour réparer
» ses forces, quelques-uns des archers qui
» avaient assisté à l'exécution le reconnurent et
» lui demandèrent si ce n'était pas lui qui ve-
» nait d'être pendu. Il lui répondit que c'était
» son frère auquel il ressemblait.

» Mais un d'eux ayant regardé à son col et
» ayant trouvé les marques de la corde, ils re-
» prirent ce misérable et l'allèrent remettre au

» gibet dont il s'était tiré. Ils étaient apparem-
» ment ivres, mais s'ils n'avaient pris la fuite,
» je les aurais fait punir. »

35. Messire Jacques-Antoine Phelippeaux, évêque de Lodève, eut l'abbaye de Nant le 24 décembre 1694.

En 1701, les Nantais se défendent contre une troupe de camisards qui étaient venus camper aux Estrades. Ces ennemis furent battus par quelques pièces de canon placées sur la terrasse du clocher ; obligés de lever leur camp, ils se dirigèrent vers la source du Durzon et de là le lendemain partirent pour Millau (livre de paroisse).

Armoiries de la ville de Nant.

L'original sur parchemin est déposé à la mairie, dont voici copie.

« *Millau, registre n° 100*. — Par ordonnance
» rendue le 2ᵉ du mois de décembre de l'an 1701
» par MM. les commissaires généraux du con-
» seil députés sur le fait des armoiries. Celles
» de la ville de Nant, telles qu'elles sont ici
» peintes et défigurées, après avoir été reçues
» ont été enregistrées à l'armorial général dans
» le registre cotté Toul-Mont. En conséquence
» du payement des droits réglés par les tarifs

» et arrêts du conseil du 20 novembre de l'an
» 1696. En foi de quoi le présent Brevet a été
» délivré à Paris par nous Charles d'Hozier, con-
» seiller du Roi et garde de l'armorial général de
» France, etc. — *Signé* : d'Ozier. »

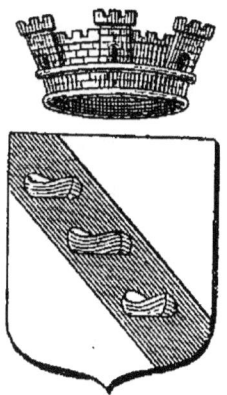

D'argent, traversé de dextre à senestre par une rivière de sinople portant trois batelets d'or.

Ces trois batelets ne nous donneraient-ils pas l'explication de l'appellation de Nant sous l'antique nom de Trianciavicum ?

Par privilège du roi, la ville de Nant était en droit d'avoir armes et livrées à l'instar des villes de Millau et de St-Affrique.

En 1752, 2 sabres et 2 hallebardes furent achetées pour les valets de villes qui les portaient dans les processions, les jours de dimanches et cérémonies publiques.

Le chaperon des Consuls était noir et cramoisi bordé d'or.

Les registres des délibérations des consuls remontent à 1714 et constituent pour les Nantais une source de renseignements très précieux et très abondants. Il y en avait de plus anciens, ce qui résulte d'une délibération prise en 1727 « sur l'injonction des habitants demandant que
» les registres des délibérations détenus depuis
» vingt-neuf ans par les greffiers et autres dé-
» tenteurs devaient être mis dans les coffres des
» archives de la communauté. »

La peste faisait en 1721 de grands ravages dans le midi de la France et en particulier à Marseille. Un ordre sévère de police fut promulgué par l'Intendant de la maréchaussée de Montauban et exécuté à Nant afin de prévenir la ville de l'épidémie.

Un corps de garde de 15 personnes fut établi d'une manière permanente afin de surveiller les entrées en ville, où on avait placé des barrières « ouvrantes et fermantes », un tambour même fut acheté pour régler la garde du matin et la retraite du soir. (Délib. municip.).

A l'occasion du sacre de Louis XV en 1722, des feux de joie et des réjouissances publiques eurent lieu à Nant après délibération préalable faite par les religieux du monastère, et une séance tenue par les consuls de la Cité.

En 1722, le 8 septembre, à Saint-Michel de Robiac, alors commune et paroisse, M. Pierre de Malbois sieur du Caussanel, etc., lieutenant principal en la justice au marquisat de Roquefeuil, procédant à une élection consulaire faisait pour très haut, très puissant seigneur Marie Roger seigneur comte de Lanjac, marquis de Colini et Roquefeuil baron de Castelnau et autres places.

L'année suivante, en 1723, on fit d'importantes réparations aux murailles de la ville.

Nous lisons dans une délibération du 14 octobre que : « depuis 1718 les marchés n'étaient » pas si nombreux, qu'il y venait fort peu de » gens du bas Languedoc à cause du mauvais » état des chemins qui conduisent du diocèse » de Lodève au dit Nant ; les réparations que » l'on y fit à cette époque coûtèrent 320 li» vres. »

Outre la somme de 94 livres 4 sols et 9 deniers que la communauté de Nant vota en 1725 à l'hôpital, le fermier du courtage versa 10 livres.

Cette année-là les livrées consulaires étant déchirées, on fit faire des chaperons neufs qui coûtèrent 68 livres 8 sols.

Le 17 septembre, on reçut une lettre de M. de Sambucy subdélégué, demandant un état bien exact des noyers qui étaient complantés et de bien distinguer le nombre des vieux noyers qui avaient échappé à la rigueur de l'hiver de 1709.

En 1730, un conflit très grave s'éleva entre les consuls et les religieux au sujet de la préséance à observer pour allumer un feu de joie ordonné par le duc de Ducas à l'occasion de la naissance du duc d'Anjou.

Les religieux ayant les premiers terminé leur cérémonie pour le chant du *Te Deum*, allumèrent le feu. Ce que voyant à leur sortie de l'église Saint-Jacques, les consuls réallumèrent le feu, d'où injures et voies de fait de la part des moines sur les consuls. La délibération du 24 octobre, prise par les consuls à ce sujet dit :

« De plus a été exposé par les dits consuls
» que tous les habitants n'ignorent pas les
» mauvais traitements qu'ils avaient reçu de la
» part de certains moines de l'abbaye de la pré-
» sente ville à l'occasion du feu de joie qui se
» fit dimanche dernier pour la naissance de
» Mgr le duc d'Anjou en conséquence de l'ordre
» que les dits consuls avoient reçu de M. le duc
» de Ducas commandant en cette province et
» de la délibération de la communauté sur ce
» terrain, lesquels moines se portèrent à des
» violences les plus fortes qui faillirent à causer
» une sédition dans la ville, dans le temps que
» tout le public concourait à rendre des actions
» de grâces au Seigneur du don qu'il vient de
» nous faire de ce second fils de France et
» comme il est très important d'empêcher que

» dans la suite pareil cas n'arrive requièrent
» l'assemblée de vouloir délibérer. »

Les religieux qui avaient eux aussi de leur côté écrit à ce sujet à l'évêque de Lodève leur abbé, attirèrent sur les consuls une lettre de reproches et de menaces.

« Je viens d'apprendre, MM., par une lettre
» qui m'a été écrite de Nant, que vous vous êtes
» avisés d'allumer un feu de joie ordonné par
» M. de Ducas. Je suis très scandalisé de votre
» précocité dont je n'ignore pas le détail, et
» puisque vous êtes assez téméraires pour vous
» en prendre à mes droits, je vous déclare que
» je saurai y remédier et vous faire repentir de
» votre entreprise. Il n'y a que moi comme sei-
» gneur de Nant qui aye droit d'allumer ces sortes
» de feux. Ce qui n'a jamais été un droit curial
» et où la communauté puisse prétendre et, at-
» tendu que le chapitre de Nant a toujours été
» dans l'usage de faire cette fonction en mon
» absence, je continue à leur donner mon au-
» torité pour cela les déléguant expressément
» pour me représenter dans toutes les occasions
» qui regarderont les droits seigneuriaux. Je
» veux si peu que les consuls aient droit, que je
» nommerais plus tôt parmi les religieux un
» grand vicaire. Vous ferez attention à ce que
» je vous mande. Je suis, MM., parfaitement à
» vous. Philipeaux, évêque de Lodève. »

Ce conflit s'apaisa par une délibération dans laquelle les consuls déclaraient reconnaître les droits seigneuriaux de l'abbé disant aussi qu'ils avaient cru ne devoir attribuer ces droits à aucun membre du chapitre en l'absence de l'abbé, ces droits étant personnels.

En 1743, l'évêque de Lodève ayant renoncé à son titre d'abbé de Nant fut remplacé par

36. Messire Claude de Moidieu.

— Nous connaissons le passage de cet abbé à l'abbaye de Nant par une délibération des consuls du 15 février 1733 dans laquelle il fut dressé un état des différents seigneurs propriétaires et possesseurs des directes ou censives en l'étendue de la communauté de Nant et auquel état il fut procédé comme suit :

« Pour un premier, nous déclarons que M. de
» Moidieu est seigneur et abbé commendataire de
» la ville de Nant; que Messire Jean-Baptiste de
» Mailhac est possesseur de deux directes dépen-
» dant de la dite abbaye, que le sieur Antoine
» Bruguière de Cannalettes est possesseur d'une
» directe aussi dépendant de la dite abbaye. »

Cette même année, le roi commit pour remplir les fonctions de maire de la communauté de Nant le sieur Jean-François Soulier, né le 24 août 1697, qui fut intronisé devant les consuls revêtus de leurs chaperons et autres habitants de qualité.

En 1738, le château d'Algues appartenait à très haut et très puissant seigneur Louis Damas de Thyanges d'Allezy marquis de Roquefeuil, d'après une élection consulaire faite le 7 septembre à St-Michel de Robiac et où ce seigneur fut représenté par son procureur général nommé de Latour, baillif.

En 1741, les Consuls demandèrent dans une délibération « que les biens communaux à l'en-
» trée du château de la Liquisse et ceux de la
» place du Claux, près la place du Cestayral,
» soient seulement arpentés et mis au chapitre
» des biens publics ».

Une assemblée extraordinaire convoquée par M. Cazalet de Comeyras avocat, viguier de la ville, fut tenue le 18 janvier 1744 par les consuls à laquelle assistèrent les principaux habitants de Nant et MM. les religieux de l'abbaye.

« M. Lescure, premier consul, informa que
» Messire Claude de Moydieu seigneur abbé de
» Nant ayant recogneu, de même que Messieurs
» les religieux de la d'abbaye que la distribution
» qui se fait en pain tous les dimanches de l'an-
» née, à tous ceux qui se présentent pour la re-
» cevoir sans distinction du riche d'avec le pau-
» vre à concurrence de deux cents cetiers mix-
» ture mesure dudit Nant que le dit seigneur
» abbé et chapitre donne sur le produit de ses
» moulins banaux dudit Nant a dégénéré en

» abbus non seulement en ce que cette res-
» source entretient la fénéantise de certains va-
» gabons, qui sans cela travailleraient à gagner
» leur vie, mais encore en ce que les riches di-
» minuent considérablement le secours de cette
» charité aux véritables pauvres, ledit seigneur
» abbé de Nant ayant requis lesdits consuls de
» proposer à la communauté s'il ne conviendrait pas pour le bien des pauvres qu'elle
» présentât une requête au Roy et à nos sei-
» gneurs de son conseil pour supplier avec le
» plus profond respect sa majesté de vouloir
» créer, ériger et établir par un arrest de son
» conseil un bureau de charité dans la dite ville
» et de le composer dudit abbé quand il s'y
» trouvera, de M. le Prieur Claustral de la dite
» abbaye et de M. l'aumônier, de M. le curé de
» Nant, des sieurs viguier et juge et lieutenant
» de juge desdits consuls, du procureur fiscal
» et de tel nombre des principaux h^{ans} que sa
» majesté trouvera à propos... lequel bureau de
» charité distribueroit avec cog^{ce} de cause
» l'aumône de ces deux cents setiers mixture
» aux véritables pauvres et aux familles honteuses... le seigneur abbé offre de joindre sa
» très humble suplique la dessus au Roy à
» celle que la dite com^{té} aura l'honneur de lui
» faire.

» Ce qu'entendu par Messieurs les religieux

» et par l'assemblée après de mûres et sé-
» rieuses réflections faites tour à tour par les
» délibérans, etc... »

Une requête fut présentée au Roi, en vue de la formation d'un bureau de charité, laquelle provoqua un arrêt du parlement de Toulouse en date du 3 février 1745 ordonnant d'établir un règlement pour la distribution de la dite aumône. Ce règlement fut élaboré dans une délibération en date du 14 août suivant. Il contient 23 articles et est trop long pour être rapporté ici.

Il est dit cependant en tête de la délibération que le projet avait été proposé par « le feu seigneur abbé de Nant n'ayant rien de désavantageux pour les pauvres » etc... et plus bas : « avec prière que font les habitants à Monsieur l'abbé de Bussy seigneur abbé de Nant de vouloir bien donner son approbation. »

Ce qui établit que l'abbé de Moidieu était mort dans le courant de l'année 1744 et qu'il avait été remplacé dans la dignité abbatiale par

37. Aimé-Ange Mignot de Bussy, prêtre chanoine, grand archidiacre et vicaire général de Macon.

Des pluies torrentielles survenues les onze et douze octobre 1745 causèrent à Nant de grandes

Pont de la Prade sur la Dourbie

inondations. La rivière du Durzon fut déplacée, le canal des Vernèdes enlevé, les eaux, ayant pris leur courant du côté des Estrades, les moulins banaux furent hors d'état de moudre, ce qui porta un dommage très considérable aux habitants qui furent obligés d'aller moudre les graines ailleurs (reg. des délib.)

A la prière des consuls, l'abbé de Bussy se rendit à Nant pour se rendre compte des dégâts et des réparations urgentes à faire. Comme M. Jean-François Soulier propriétaire du Préneuf, l'ancien Vican, avait laissé déposer sur le bord de sa propriété les détritus enlevés du lit de la rivière, et en considérant d'autre part qu'une construction faite le long du canal servirait de contrefort et empêcherait à l'avenir de pareils éboulements, l'abbé de Bussy par acte passé à Macon par devant deux notaires royaux, un stipulant et l'autre acceptant, insinué au bureau de Saint-Jean le 12 février 1747 « donna et ac-
» corda à titre d'accensement au dit sieur Sou-
» lié absent 1º de faire le dit moulin à cuivre ou
» martinet au dit lieu de la petite bierle. 2º de
» construire sur le dit bras de la rivière qui va
» à l'estrade un canal..... 3º de profiter de la
» chute des eaux surabondantes au canal qui en
» conduit aux dits moulins du dit seigneur abbé,
» sans qu'ainsi le dit Soulié puisse rien retran-
» cher de celles qui sont nécessaires pour les

» faire moudre. 4º de former sur le fond
» etc.... »

Cette concession fut faite non seulement en vue de parer aux inondations à venir mais aussi parce qu'elles devaient épargner au susdit abbé sur le prix des réparations dont le dit sieur Soulier « s'était rendu adjudicataire, la somme de
» deux cents livres à laquelle il a estimé les frais
» pour faire combler l'enfoncement causé par
» l'inondation, et pour construire le mur et
» faire la charpente nécessaire du côté du se-
» cond bras de la rivière du Durzon qui va à
» l'Estrade. »

Ce fut en 1750 que la démolition de la porte Notre-Dame faisant communiquer les faubourgs avec l'intérieur de la ville fut en partie opérée. Voici ce que dit le registre des délibérations établissant le devis : « Plus pour faire abattre la
» première porte du portal Notre-Dame avec
» la boutique joignante possédée à locaterie per-
» pétuelle etc. : 120 livres ;
» Plus pour faire abatre autres deux boutiques
» visant à la dite porte Notre-Dame ou pour
» l'indemnité aux propriétaires au jugement
» d'expert ci.... 300 livres. »

Jusqu'en 1752, les lettres et correspondances étaient expédiées par des occasions de fortune, ou par des exprès particuliers ; Nant n'avait pas encore de bureau de lettres et la population en souffrait. Le porteur attitré qui allait périodiquement de Millau à Montpellier par Lodève, offrant de passer par Nant chaque semaine moyennant la somme annuelle de cent livres, les consuls acquiescèrent et fondèrent un bureau de poste qu'ils confièrent à une femme illettrée ; ce bureau n'était apparemment qu'un bureau de dépôt.

L'abbé de Bussy étant décédé en 1773,

38. André-Charles de Boisse lui succéda.

L'abbaye de Nant qui, jusqu'ici, avait résisté à tous les assauts, qu'en ces derniers temps l'autorité ecclésiastique lui avait fait subir, reçut un coup définitif de la part de l'abbé de Boisse.

M. Bruno de Laval, premier consul, réunit son conseil le 3 mars 1773, « pour informer la
» communauté que M. l'abbé de Villefort, vi-
» caire général de l'Evêque de Vabres, s'était
» rendu à Nant à l'effet de faire noter et signi-
» fier à MM. les religieux du Chapitre Saint-
» Pierre un brevet du Roi du mois de novembre
» 1772 et un arrêt du Conseil du 13 février 1773
» qui autorisait l'abbé de Nant et autres qui y
» avaient intérêt à poursuivre l'extinction et
» union de la mense conventuelle à la mense
» abbatiale, c'est-à-dire d'anéantir le chapitre
» régulier de Nant à la charge d'en employer
» les revenus, savoir : 3.000 livres pour un sé-

» minaire ; 1.000 livres pour l'œuvre de la cathé-
» drale de Vabres ; 1.200 livres pour les curés
» pauvres et infirmes du diocèse et 200 livres
» pour un vicaire. »

Cette décision plongea tous les citoyens de Nant dans la plus vive consternation avec d'autant plus de raison que les consuls avaient tenu le 25 mars 1769 une prudente délibération et avaient porté au pied du trône de justes doléances et de justes moyens d'opposition.

Tous les Religieux unirent leurs protestations à celles des consuls ; nous tenons à donner leurs noms, car c'étaient les derniers survivants d'une famille qui avait duré dix siècles.

L'abbé de Laval, prieur de Saint-Jean, doyen.

Julien, curé de Nant (paroisse).

Lagrave religieux, dom Recolin, dom Lissac de Cattelan, l'abbé de Villefort, l'abbé du Puy Montbrun, Raymond, curé de Saint-Martin.

Dans une délibération du 7 mars 1773, on délégua dom Mazel, prêtre syndic et grand vicaire du Chapitre, pour supplier Sa Majesté d'accueillir favorablement les moyens d'opposition tendant à conserver le chapitre.

Une des grandes raisons que l'on donnait pour son maintien, c'est qu'autrefois Nant était très florissant à cause des nombreuses fabriques de bas de coton dont le produit était écoulé en Espagne, et que cette industrie ayant presque disparu de Nant à cette époque, l'extinction du chapitre déterminerait la ruine complète des habitants.

Le 12 décembre 1774, à la requête de l'abbé de Boisse les consuls assemblés, d'après une assignation qui les convoquait par devant M. Jean Bardy vicaire général, à comparaître le 15 dudit mois à Vabres déléguèrent quelques-uns de leurs membres pour aller soutenir les intérêts de la ville en cette occurrence.

Les pourparlers durèrent encore quelques temps. Dans une réunion du 29 octobre 1775, les consuls, devant l'intransigeance de l'autorité ecclésiastique, demandèrent des compensations.

1° Que les bâtiments destinés à l'habitation des moines et religieux dudit chapitre et maison dépendant de la Conventualité seraient irrévocablement acquis à la communauté lorsque les jouissances diverses auraient pris fin, pour servir au logement de maîtres et maîtresses, etc.

2° Que l'établissement d'un séminaire pour le diocèse de Vabres fut fait en la ville de Nant chez les P. P. doctrinaires, etc.

Après avoir entendu les membres du Bureau de Charité qui eux aussi avaient fait opposition en vue de conserver aux pauvres leur patrimoine de deux cents setiers de blé, ceux-ci se refusèrent formellement à renoncer à l'opposition et donnèrent pouvoir à cet effet à M. Raymond,

ancien curé de Saint-Martin et ancien syndic du Bureau de charité, de poursuivre par tous les moyens la dite opposition « la communauté ne
» pouvant, en honneur et conscience, abandon-
» ner l'opposition faite en l'hotel de ville et la
» restitution de la dite aumône, attendu que
» selon la vue même des fondateurs dans l'acte
» portant établissement de ladite aumône en
» 1318, ils paraissaient avoir plutôt pour objet
» une redevance envers la communauté qu'un
» don gratuit en reconnaissance des dons et lar-
» gesses faites au monastère par les habitants et
» en récompense des soins et dépenses qu'ils em-
» ployaient à la culture des terres qui, tournant
» au profit du monastère, grossissaient son re-
» venu comme il est aisé de s'en convaincre par
» les termes même de l'acte : *Scientes et mani-*
» *festè cognoscentes bonna et reditus monasterii*
» *esse augmentata tàm ex largitione fidelium*
» *quàm ex agriculturà.* »

Après plusieurs pourparlers qui durèrent deux ans, les consuls se désistèrent de leur opposition au projet de sécularisation moyennant l'attribution à la commune de Nant : 1° de deux bourses de 1re classe pour deux enfants de la ville au choix de l'Evêque de Vabres.

2° 800 livres annuelles pour l'établissement de maîtres et maîtresses d'école pour les enfants pauvres.

Un décret de l'Evêque de Vabres en date du 27 février 1777 revêtu de lettres patentes du mois de juillet et enregistrées à la cour de Toulouse fut notifié à la communauté le 3 octobre suivant, accordant seulement la somme de 800 livres devant être affectée ainsi qu'il a été dit.

Une pension alimentaire fut servie aux derniers survivants du Chapitre. Messire de Boisse conserva son titre honorifique d'abbé de Nant jusqu'à la Révolution de 1789.

IX

DISSERTATION SUR SAINT FULCRAN ÉVÊQUE DE LODÈVE

Son origine, lieu de naissance, son nom.

Pierre de Millau a été le premier hagiographe de saint Fulcran. Ce moine, chroniqueur du milieu du XIIe siècle, passa sous silence le lieu de naissance et le nom des parents de ce saint, ne les connaissant probablement pas. Son but était de transmettre à ses contemporains et aux générations futures le récit des vertus et grandes qualités de l'évêque de Lodève.

Nous serait-il permis de combler cette lacune par l'étude et la comparaison de deux documents : la donation de l'église de Nant au monastère de Vabres par Bernard et Udalgarde et le testament de saint Fulcran.

Avant de discuter et comparer ces deux documents d'une très grande valeur historique, et

pour en tirer le meilleur parti possible, il est bon de dire que les chroniqueurs du moyen âge étaient très sobres de renseignements, sur les personnages dont ils racontaient les gestes, et que, dans les temps où se passaient les faits que nous allons étudier, l'usage était de ne désigner les individus que par leur prénom, ce qui caractérisait la personnalité. Ce fut en effet, dit Bosc (1), « au commencement du XIIe siècle » que « l'usage des familles nobles de prendre le
» nom de leurs fiefs, de leurs châteaux ou de
» leurs pères était généralement établi, et c'est
» seulement dans les actes de ce siècle ou de la
» fin du précédent qu'on commence à trouver
» les noms des maisons qui jouiront dans la
» suite des prérogatives de la noblesse. » Galtier et ses frères prennent le nom de Cantobre dès 1050 (2), Siguin de Roquefeuil en 1032, Raimond de Roquefeuil en 1080 (3). Que dès lors, il est très difficile, parmi tous ceux qui pouvaient porter le même prénom à une même époque, de reconnaître le personnage que l'histoire a voulu désigner.

---

(1) *Mémoires pour l'Histoire du Rouergue*, page 81.

(2) Fondation du monastère du Vigan par Pons comte de Toulouse.

(3) Donation du monastère de Gellone (Saint-Guilhem) d'un terrain aux Crémats près St-Sauveur du Larzac (Nant).

Les relations, les lieux, la parenté, l'intérêt, la reconnaissance, l'amitié, et tous autres moyens que la raison et le bon sens ne réprouvent point doivent nous venir en aide dans nos recherches. L'art de s'en servir, la sagacité, un discernement judicieux, constituent ce que l'on est convenu d'appeler la science de la critique historique.

La traduction du testament de saint Fulcran a été publiée dans la *Revue historique du diocèse de Montpellier* (n° 4, 15 août 1911). Ce document fort long (plus de 300 lignes), nous apprend que l'évêque de Lodève possédait de vastes domaines, qui partant du fond de Lodevois s'étendaient jusqu'à l'extrême limite du Gévaudan.

L'origine des grandes fortunes terriennes de cette époque trouve son explication dans la conquête du pays sur les Sarrasins (ab origine parentum seu ex conquesto advenerunt). Comme il est dit dans la donation de Bernard et Udalgarde, les grands chefs indigènes de nos contrées qui avaient du sang gaulois ou romain dans leurs veines, après avoir concouru à l'expulsion des Goths et des Sarrasins s'étaient substitués à eux dans la possession des territoires détenus primitivement par ceux-ci après la décadence romaine.

Des châteaux avaient été bâtis sur des rochers ; des bourgs s'étaient édifiés à pic, sur des hauteurs, afin de garantir la sécurité des habitants.

Fulcran, descendant d'un de ces nobles conquérants, possédait par indivis, comme il le dit lui-même, une partie du château ancestral, qu'on appelait à cette époque le château de Roquefeuil, qu'il léguait au Monastère St-Pierre de Nant avec d'autres terres spécifiées qu'il tenait de son cousin germain Bernard.

Voici d'ailleurs la traduction de cette donation (*Revue Hist.*) « Et dans le diocèse de Nîmes;
» je donne au monastère Saint-Pierre de Nant,
» dans la ville qu'on appelle *Cassaratis* (*Gall.*
» *ch.* : Cassalatis) et dans la ville qu'on appelle
» Valle Luposa (*Gall. ch.* Villa Luposa) tout ce
» qui m'est advenu de mon cousin (consobrinus)
» Bernard, avec ma partie du château qu'on ap-
» pelle Roquefeuil ; et dans la ville qu'on ap-
» pelle Mas (*Gall. ch.* Nias) l'alleu qui m'est
» échu de ce même Bernard, si Adaloa (*Gall. ch.*
» Adalredus) ne veut pas tenir la convention
» faite. »

Quel était donc ce château ? où était-il situé ?

En le donnant aux moines de Nant, l'évêque de Lodève avait un but. Ce château, qui était appelé en l'occurrence à devenir un lieu de refuge, de retraite, en cas d'attaque, d'habitation pour quelques moines du moins, ne devait pas être éloigné du monastère.

L'identifierons-nous, le reconnaîtrons-nous, en établissant ce qu'est devenue la partie restante appartenant à un co-propriétaire ?

Si ce co-propriétaire était, alors ou plus tard, un Roquefeuil, ne devons-nous pas conclure que Fulcran et ses aïeux avaient le droit de porter ce nom si c'eut été l'usage de leur vivant à cette époque ?

L'abbé Bosc, historien de Rouergue, va nous répondre :

« A peu de distance de Nant, on voit sur une
» éminence, l'ancienne baronnie de Roquefeuil,
» qui comprenait plusieurs paroisses aux envi-
» rons de Nant et dont les seigneurs possédaient
» le fort château d'Algues près St-Michel, qui
» domine toute la contrée.

» La baronnie de Roquefeuil a donné le nom
» à une famille très connue autrefois parmi les
» familles nobles et d'ancienne chevalerie. En
» 1032, Siguin de Roquefeuil donna à l'abbaye de
» St-Guillem-de-désert, diocèse de Lodève, plu-
» sieurs terres qu'il possédait dans les comtés de
» Lodève et de Rouergue. On trouve encore une
» donation faite à cette même abbaye par Ray-
» mond de Roquefeuil en 1080.

» Adelaïde, héritière de Roquefeuil, épousa
» vers le commencement du XIIe siècle un sei-
» gneur puissant nommé Bernard d'Anduse, à
» condition que leurs enfants porteraient à per-

» pétuité le nom de Roquefeuil. La gloire des
» alliances si recherchée par les nobles de ce
» temps fut très brillante dans la maison de Ro-
» quefeuil.

» Raimond d'Anduse de Roquefeuil, leur aîné,
» épousa en 1169 Guillemette fille de Guillaume
» seigneur de Montpellier... Sa descendance se
» perdit dans les comtes de Rodez après être
» passée dans la vicomté de Creyssels.

» Arnaud de Roquefeuil (1), leur second fils,
» avait conservé en Rouergue certaines terres
» dépendant de l'ancienne baronnie, le château
» d'Algues, Nant, St-Jean-de-Bruel, St-Michel
» de Roubiac ; ces dernières terres passèrent au
» puîné des petits-fils de Bernard d'Anduse,
» nommé Arnaud de Roquefeuil qui prit le titre
» de comtor de Nant, qualification qui venait
» après celle de vicomte. »

Nous avons vu le rôle qu'Arnaud de Roquefeuil joua dans notre pays, après s'être retiré à
Algues dès 1363, lors de l'occupation anglaise.

Catherine d'Anduse-Roquefeuil, morte en 1406,
apporta sa terre d'Algues dans la maison de
Blanquefort qui prit le nom de Roquefeuil.

Erigée en marquisat en 1618, cette terre avec
le château de Castelnau appartenait, d'après le
cadastre de 1666, à Marie-Giliberte de Roque-

---

(1) De Gaujal 1, 269.

feuil. En 1722, Marie-Roger, seigneur, comte de Lanjac, marquis de Colini et Roquefeuil, baron de Castelnau et autres places en était propriétaire, tandis que, en 1738, elle était possédée par Louis Damas de Thyanges d'Allezy, marquis de Roquefeuil.

Il résulte donc que le château d'Algues a été de temps immémorial la propriété de la famille de Roquefeuil qui, souvent, l'a habité ; tel Arnaud de Roquefeuil et Adélaïde de Roquefeuil avant son mariage avec Bernard d'Anduze, ce dernier ayant transféré d'Algues à Meyrueis le siège de la baronnie. On doit donc conclure que si saint Fulcran écrivait son testament de nos jours, au lieu de dire : « Moi Fulcran, je donne au monastère de Nant ma partie du château qu'on appelle Roquefeuil », il dirait : « Moi Fulcran de Roquefeuil, je donne aux moines de Nant ma part du château ancestral. »

L'identification de la Valle Luposa (vallée des Loups) n'offre aucun doute. C'est toute la région montagneuse bornée du côté de Nant par le Valat de Vébrenque et qui forme les bois communaux de Saint-Michel et de la Beaurette. L'établissement du premier cadastre en 1666 porte que dans cette région les moines y possédaient des terrains de 400 à 500 sétérées, malgré plusieurs inféodations faites aux habitants des Fraissinets haut et bas. Cette région montagneuse et garnie de bois touffus fut de tout temps infestée de loups ; nos aïeux en ont souvent vus, le dernier type de ces carnassiers fut tué à Algues même en 1865, après avoir fait trois victimes qui moururent de la rage.

La villa Cassaratis doit être identifiée avec les terres dénommées le Rat, Dourbias, village où sont encore plusieurs familles portant le nom de Cassanos et où le monastère de Nant possédait des châtaigneraies d'après l'ancien cadastre.

La villa Mas devait se trouver sur le terroir du Mas-du-Pré, près de Nant. La convention dont il est fait mention dans le testament de saint Fulcran avec Adaloa était une convention verbale, basée sur la confiance réciproque, confiance que l'on avait entre membres de la même famille. En rapprochant le nom de Adaloa avec celui d'Adélaïde, serait-il osé de dire que Adaloa pouvait être la veuve de Pons, frère de Fulcran et bisaïeule de l'épouse de Bernard d'Anduse, par Raimond de Roquefeuil, son père et Siguin de Roquefeuil son grand-père (1).

---

(1) Nous retrouvons encore ce Siguin dans le Plaid de Nîmes, vendredi 2 juillet 972, à côté du nom de Fulcran évêque de Lodève : qui ibi aderant, idest, Bernardus gratia Dei épiscopus, et Fulcrannus simul episcopus et Siguinus vice comes et Bernardus frater ejus.

Siguin vicomte et Bernard son frère étaient probablement les neveux de Fulcran, et fils de Pons

Ainsi s'établirait la lignée des Roquefeuil jusqu'à saint Fulcran, qui, le premier dans l'histoire, nous a transmis ce nom de Roquefeuil.

L'évêque de Lodève nous dit encore que les terres de Cassoratis, Valle Luposa et Mas qu'il léguait au monastère de Nant lui venaient de son cousin Bernard, *consobrinus*, cousin dont les deux mères étaient sœurs.

Ce mot qui sera le pivot de notre argumentation sera aussi le phare lumineux qui nous permettra de retrouver dans l'obscurité de ces temps si reculés, quelle était la famille de notre saint.

L'acte de fondation de Bernard et Udalgarde en 926 que nous avons publié plus haut, offre un point de contact avec le testament de saint Fulcran : Le monastère Saint-Pierre de Nant.

Pourquoi ce monastère concurremment avec celui de Saint-Pierre de Joncels avait-il été choisi parmi tant d'autres dans le voisinage et en dehors du diocèse de Lodève pour devenir ainsi l'objet des libéralités de saint Fulcran ?

N'en trouverions-nous pas la raison dans des relations d'amitié, de parenté peut-être ? Le consobrinus Bernard, le cousin de saint Fulcran ne serait-il point de la famille de Bernard et Udalgarde ? Identifions cette dernière ; l'acte de

---

frère de l'évêque de Lodève. *Plaid publié par la Revue hist. du diocèse de Montpellier, page 294 (A. Villemagne).*

fondation du monastère de Nant nous y aidera puissamment.

Fredelon, comte de Rouergue et de Toulouse, laissa à sa mort en 852 la couronne comtale à son frère Raimon Ier, n'ayant pas eu d'enfant mâle de son mariage avec Ode, mais une fille Udalgarde.

Celle-ci, qui n'avait pu mettre sur sa tête la couronne comtale, ceignit cependant la couronne de vicomtesse en épousant Bernard fils de Radulphe, vicomte de Rouergue, et de Rotlinde.

Un de leurs fils, Bernard, qui avait reçu en apanage la vicomté de Millau et de Gévaudan vivait encore en 937 (De Gaujal).

Ce Bernard, premier vicomte de Millau, eut de son mariage avec X. deux enfants : Bérenger, qui lui succéda à la vicomté, et *Bernard*, qui prit le titre de vicomte de Gévaudan ; les enfants de ce dernier s'appelaient Rigaud et *Etienne*.

Telle est la famille de Bernard, fondateur du monastère de Nant.

Est-ce parmi ses membres que nous devons chercher le *consobrinus*, le cousin de Fulcran ? Ne confondrons-nous pas ce Bernard avec tant d'autres qui vivaient à cette époque ?

A quels signes le reconnaîtrons-nous ?

Deux cousins germains dont les deux mères sont sœurs, ayant ordinairement le même âge, doivent vivre à la même époque.

Comme il n'y a point de mésalliance entre les deux familles, ils doivent être de même condition ; leurs parents tenant à peu près le même rang dans la société.

De par la loi du partage des héritages, leurs biens sont ordinairement situés dans la même région, ils s'avoisinent.

Le petit-fils de Bernard et Udalgarde ne réunit-il pas ces conditions ? Comme Fulcran, il vit au xe siècle ; il est vicomte de Gévaudan, Fulcran était vicomte aussi, nous dit-il, dans son testament. Leurs propriétés s'avoisinent à Nant. Caziris, Ambolo avoisinent Cassaratis ; Maillaco, Cancenello sont situées l'une à l'est l'autre à l'ouest de la vallée Luposa ; Spinassous et Abrigas ne sont-ils pas du côté de Meyrueis (Miruentis) donnés par Fulcran au monastère de Joncels ?

Le choix de ce Bernard ne trouve-t-il pas encore confirmation dans l'identification de l'abbé de Joncels spécialement nommé par Fulcran dans son testament. Etienne n'est-il pas le fils du comte de Gévaudan, par conséquent le *consobrinuculus* de Fulcran. Ainsi s'expliquerait la donation faite au monastère de Saint-Pierre de Joncels, dont l'usufruit et l'usage étaient personnels à Etienne toute sa vie durant.

Veut-on une autre preuve de la parenté qui existait entre les Roquefeuil et les comtes de

Millau ? Ne la trouvons-nous pas dans la présence de Bernard d'Anduse époux d'Adelaïde de Roquefeuil au lit de mort de Raimond prieur abbé de Nant à 1178. Raimond ayant abdiqué en 1165 dut se retirer au château d'Algues dont il était copropriétaire avec Bernard d'Anduse. La déclaration de Hugues évêque de Rodez et neveu de Raimon, n'aurait pas eu de raison d'être si Raimon était mort à Nant au milieu de ses moines.

L'identité des Roquefeuil ainsi établie, les relations de cette famille avec les vicomtes de Millau ainsi déterminées, la moitié du problème reste encore à résoudre : l'ascendance maternelle de saint Fulcran.

Dans quelle famille le vicomte de Roquefeuil et le vicomte de Millau allèrent-ils chercher chacun une épouse et devenir ainsi beaux-frères ? Ne serait-ce point dans la maison des comtes du Rouergue ?

Ermengaud qui avait épousé Adelaïde de Sustencion, ne pourrait-il nous donner la clef du mystère ?

Simples jalons, points de repère que nous livrons à la sagacité de quelque érudit pour compléter notre étude, que nous allons résumer par le tableau généalogique et synchronique des grandes familles régnant à cette époque sur notre pays.

TABLEAU SYNCHRONIQUE des FAMILLES des

ES DE ROUERGUE ET TOULOUSE	VICOMTES DE ROUERGUE	VICOMTES DE MILLAU	VICOMTES DU GÉVAUDAN	VICOMTES DE ROQUEFEUIL	
852 Fredelon et Ode	Radulphe et Rotlinde				
865 Raimon Ier	Udalgarde et Bernard mort en 926	Beaux	....	frères	
875 Bernard+Eudes 875-918		Bernard et X. 937 { de Sustencion ou ? sœur d'Adelaïde ? de Rouergue ou d'Ermengaud }		Roquefeuil et Britgarde { de Sustencion ? ou de Rouergue ? }	
ond Pons + Ermengaud et de Toulouse Adelaïde de Sustencion. comte de Rouergue		Bérenger Ier 1000 +	....cousins-germains..... Bernard et X	(consobrini) Pons et + Fulcran (St) + Arenfred Adaloa	
Raimond II et Berthe		Richard Ier et Sénégonde de Béziers 1018	Rigaud + Etienne mort en 1029	Siguin + Bernard mort 1032 Plaid de Nimes 972	
		Richard II et Rixinde de Narbonne 1051		Raymond et Marie mort 1080	
		Bérenger II et + Bernard + Richard Adèle de Carlat +Raimond + Hugues		Fredelon et Arnald 1108	
		Gilbert et + Richard + Raimon Gerberge d'Arles 1er abbé de Nant		Agnès + Adélaïde et Bernard d'Anduse + Frédelon donation à Sylvanès 1142	
				Raimond d'Anduse de Roquefeuil et Guillaumette de Montpellier	
				+ Arnaud d'Anduse de Roquefeuil	Isabelle Roquefeuil et Hugues comte de Rodez mort en 1274
				Arnaud de Roquefeuil 1er comtor de Nant	

Le château des Roquefeuil à Algues a-t-il été la demeure primitive de saint Fulcran et de ses ancêtres ?

Germer Durand, dans son dictionnaire topographique du Gard ; l'abbé Rouquette dans une note « le Rouergue sous les Anglais », placent l'habitation première des Roquefeuil sur les hauteurs des Cévennes vers le Saint-Guiral (1). Nous serait-il permis de supposer le contraire ?

Les ruines d'un château fort ne s'évaporent point ; les moellons, les pierres ne peuvent disparaître que par enlèvement, en les utilisant dans le voisinage pour d'autres constructions, murs de soutènement, etc., ainsi qu'on le constate dans nos contrées, pour le château de la Liquisse, le château de Vallagarnita non loin

---

(1) S. Fulcran commence, il est vrai, sa donation au monastère de Nant par ces mots : « et in pago Nemausensi », laissant entendre que ce qu'il va donner aux moines de Nant se trouve dans le diocèse de Nîmes. Cependant nous ignorons quelle était exactement à cette époque la délimitation des diocèses dans nos contrées. La Dourbie qui actuellement sépare en certains endroits le diocèse de Nîmes d'avec celui de Rodez pouvait alors poursuivre sa délimitation plus loin dans les Cévennes justifiant ainsi les mots de *In pago Nemausensi* ; car nous savons que les moines de Nant même avant l'érection du monastère en abbaye desservaient déjà plusieurs paroisses éloignées dans les Cévennes. D'ailleurs ne savons-nous pas qu'à la disparition de l'évêché d'Arisitum l'attribution à leurs diocèses de certaines paroisses qui le composaient fut longue et laborieuse ?

de Dourbies, le château actuel d'Algues ; la taille des pierres, leur forme, leur appareil les font toujours reconnaître, or, il n'est point à notre connaissance qu'il en ait été de même pour le château hypothétique signalé comme ayant existé sur la hauteur des Cévennes, par Germer Durand.

Que signifie le mot Rupefolio, Rocafuelh, Roquefeuil ? Roche qui s'effeuille, qui se divise en lames plus ou moins épaisses telle l'ardoise.

Cette interprétation justifie-t-elle l'appellation de Rupetolio appliquée au terroir d'Algues ? Nous répondons affirmativement.

La montagne d'Algues, en effet, se trouve sur la ligne de démarcation des terrains calcaires de Nant et la région des schistes de Saint-Jean-du-Bruel appelé autrefois Saint-Jean-de Roquefeuil.

Au pied d'Algues, près de la Dourbie, on y a longtemps exploité une carrière d'ardoises grossières.

Du côté du Caussanel (Cancenello), limitant l'ancienne valle Luposa, le valat de Rouviac coule ses eaux dans les terrains schisteux d'Algues entraînant ses galets bleuâtres jusqu'à la Dourbie.

Rien ne s'oppose donc à ce que nous fassions remonter l'origine de Roquefeuil dans notre pays d'Algues jusque vers les temps les plus reculés.

L'origine des noms étant très obscure et très bizarre, le premier Roquefeuil n'aurait-il point été un carrier quelconque habitant les ardoisières de nos parages, où, devenu riche et puissant, il aurait joué plus tard un rôle important dans notre pays après l'invasion sarrasine ? Nous livrons cette interprétation judicieuse à l'appréciation des érudits, trop heureux d'apporter par nos faibles études un éclair de vérité sur ces temps si lointains et si obscurs.

Dans tous les cas, et d'après les raisons données dans cette étude, n'avons-nous pas le droit de revendiquer saint Fulcran comme un de nos plus anciens compatriotes, né très probablement dans le château d'Algues, dont il avait légué la part lui revenant aux moines de Nant ?

Nous devons répondre affirmativement jusqu'à preuve du contraire.

X

LÉGENDE DE SAINT ALBAN
ET DE SES DEUX FRÈRES SAINT GUIRAL ET SAINT SULPICE

Une charmante citadine, jadis en villégiature à Nant, nous a donné, en termes poétiques et sous l'anonymat transparent de « Lia Saul », le récit de la légende de saint Alban et de ses deux frères, Guiral et Sulpice (1).

C'est dans une des plus vieilles maisons de la rue Droite qu'elle l'avait apprise de la bouche même de la vénérable mère d'un des plus illustres enfants de Nant, « l'auteur de la Bible et les découvertes modernes ». Nous regrettons de ne pouvoir en donner qu'une pâle analyse, lui empruntant parfois son tour de phrase et quelques-unes de ses expressions.

Il y avait autrefois à Nant, probablement au château de Roquefeuil à Algues, un puissant

---

(1) La *Semaine des familles*, n° 13, année 1892.

seigneur qui mourut jeune encore laissant trois fils : Guiral, Sulpice et Alban.

L'aîné, d'un caractère ardent et impétueux, aimait la chasse ; Sulpice, austère et sage, faisait de l'étude la joie de sa vie ; le plus jeune Alban, blond et doux comme sa mère, s'attirait par sa charité et ses qualités du cœur la reconnaissance des malheureux qu'il secourait en toute circonstance : c'était le bien-aimé de la population nantaise.

Berthe était aussi, à cette époque, l'unique héritière d'un châtelain des environs qu'une parenté éloignée avec les trois orphelins faisait aimer également. C'est pourquoi Guiral, Sulpice et Alban se rendaient très souvent au vieux manoir de Cantobre qu'avait autrefois bâti sur le Trevidon l'ancien préfet du prétoire Ferréol.

Un jour, le vieux château brilla sur son noir rocher d'un éclat insolite ; le seigneur de Cantobre célébrait par une fête les dix-huit ans de sa fille. L'étroit sentier creusé dans le roc vit, ce jour là, passer des preux chevaliers et de nobles dames ; Guiral, Sulpice et Alban eux aussi très réjouis avaient cheminé sur le vieux chemin de Cantobre, suivis de serviteurs apportant leurs présents à Berthe.

Là, ils trouvèrent un festin royal. La Dourbie et le Trévezel qui baignent le rocher avaient fourni des truites saumonées et des écrevisses écarlates ; la forêt voisine avait donné du gibier recherché, ainsi que les truffes parfumées qui abondent encore dans le terroir. Le vin des Prades coulait chaud et brillant dans des coupes de cristal, et la journée s'était passée dans la joie et les vœux de bonheur.

Le soleil avait déjà disparu..., le cortège des invités redescendait dans la vallée, sauf les trois Roquefeuil qui devaient séjourner au château. Berthe, retirée seule sur la plateforme de la tourelle, écoutait depuis quelques instants, dans le calme du soir, les échos des voix qui se répercutaient dans le lointain, lorsqu'elle entendit près d'elle une voix harmonieuse.

Alban l'avait rejointe sur le balcon solitaire.

— Oh ! Berthe, dit-il, je désire obtenir aujourd'hui de votre père une faveur très grande. Je vous en supplie, soyez mon avocate auprès de lui.

— Parlez, Alban, mon père vous chérit ; il fera tout pour vous être agréable.

— Demandez, murmura-t-il, pour moi la main de sa fille, c'est le rêve de ma vie.

Berthe eut un regard étonné, devint pensive, puis contemplant Alban, une couleur de rose parut à son front.

— Je vous promets mon concours, dit-elle, après quelques instants.

Et, de retour, ils virent passer sur le terrain inférieur Guiral et le châtelain marchant lentement ; ce dernier prêtait l'oreille et ce que Guiral lui disait le faisait sourire.

Pendant ce temps Sulpice, le préféré de la châtelaine, était resté auprès d'elle lui ouvrant son cœur et lui faisant part de ses projets.

Bien tard dans la soirée Guiral, Sulpice et Alban s'étaient retirés chacun dans l'appartement qui leur avait été préparé.

La nature entière semblait se reposer d'un grand jour de joie et de labeur ; du haut des fenêtres du vieux manoir on entendait dans le lointain la Dourbie et le Trévezel mélangeant leurs eaux dans un doux murmure, harpes éternelles chantant dans le calme de la nuit leur hymne au Créateur.

Berthe, avant de se retirer, déposa sur le front du châtelain un baiser d'adieu, et d'une voix timide :

— Père, lui dit-elle, j'ai accepté naguère, une mission qu'il me faut remplir.

— Parle, ma fille.

— Alban vous demande par ma voix si vous consentiriez à ce qu'il devint votre gendre.

Le comte tressaillit.

— Guiral aspire au même titre, fit-il.

Et la comtesse tout émue de dire à son tour :

— Et Sulpice qui m'a suppliée d'intercéder pour lui !

Un long silence se fit que nul n'osa rompre : de Cantobre préférait Guiral à cause de son droit d'aînesse ; cependant il n'ignorait pas la sympathie de la châtelaine pour Sulpice et, rompant enfin le silence :

— Laissons Berthe se choisir elle-même un époux, dit-il.

Mais l'enfant, secouant sa chevelure blonde :

— Je ne puis, fit-elle anéantie, ma seule volonté sera toujours la vôtre.

On dormit peu cette nuit là à Cantobre.

De grand matin les trois frères réunis dans la grande salle pour le départ furent rejoints par le comte, aussi matinal qu'eux, lequel au premier abord prenant les mains de Guiral :

— J'aurais voulu, lui dit-il, t'apporter une réponse conforme à tes désirs, mais, ô destinée du sort, tu comptes deux rivaux ayant les mêmes droits que toi à l'affection de Berthe.

— Leurs noms ? fit Guiral d'une voix brève et la rougeur au front.

— Sulpice et Alban ! répondit le comte.

Guiral pâlit et baissa la tête. Sa tristesse s'était déjà répercutée sur le visage de ses frères.

Rompant le premier le silence, Alban reprit timidement :

— Que Berthe choisisse entre nous.

— Ma fille s'y refuse, reprit aussitôt le châtelain.

Et le silence dura encore quelques instants.

— Un seul arbitre, reprit le châtelain comme inspiré, un seul arbitre peut trancher le différend. Dieu parlera par sa voix ! Allons au monastère consulter le vénérable père abbé notre parent ; c'est un homme de prudence et de bon conseil, Dieu parlera par sa voix.

Une heure plus tard, ils pénétraient dans Nant par la petite poterne du Pourtalet. Passant, sous une maison qui recouvrait la rue en forme de voûte, à travers quelques ruelles étroites, ils entrent dans le cloître.

Le vénérable Bernard, que courbait déjà le poids des ans, les reçut avec un visage serein ; il écouta le récit du châtelain lui exposant sa perplexité.

— Dieu soit loué, fit-il.

Puis, s'adressant aux jeunes seigneurs ;

— Mes enfants, rentrez en cellule ; vous passerez la journée au monastère dans la prière. Vous vous lèverez comme nous pour les matines et Dieu pourvoiera à tout...

Minuit avait sonné, la cloche du monastère avait tinté matines, les moines, comme des ombres fugitives, pénétraient dans l'abbatiale par la porte latérale des cloîtres ; Guiral, Sulpice et Alban sont fidèles au rendez-vous. La lueur vacillante des lampes éclairait mystérieusement le sanctuaire ; l'office allait commencer quand dom Bernard, sa crosse de bois à la main, debout sur son siège abbatial fait signe à Guiral d'avancer vers lui.

— Ouvrez le bréviaire, lui dit-il, et lisez la parole de Dieu.

Guiral ouvre le grand livre et lit : « Dominus pars... »

Et l'abbé de continuer :

— Le Seigneur seul sera ton héritage.

Plus prompte que le faucon s'abattant sur sa proie, la grâce remplit le cœur de Guiral qui se prosternant s'écria :

— Je renonce à Berthe et me ferai ermite.

Sulpice s'avance à son tour tout tremblant.

— Ouvrez le bréviaire, lui dit Bernard, et comprenez la voix de Dieu :

— « Vanitas vanitatum », dit Sulpice...

Et Bernard de continuer :

— Vanité des vanités, sauf aimer Dieu seul.

Terrassé à son tour par la grâce, Sulpice tombe à genoux disant lui aussi :

— Je renonce à Berthe et me ferai ermite.

Alban sera donc l'élu de la noble héritière !

— Avancez, jeune seigneur, dit encore Bernard, et comprenez la voix du Ciel. Ouvrez à votre tour le bréviaire.

— « Quid prodest homini », dit-il.

Et l'abbé de continuer :

— Que sert à l'homme d'amasser des richesses...

Et pendant qu'il continuait, Alban ne résistant point à l'appel du ciel, de dire :

— J'imiterai mes frères et me ferai ermite.

Une poignée de cendres fut aussitôt jetée sur la tête des postulants en signe de leur renoncement au monde et la voix grave des moines faisant retentir les voûtes de notre abbatiale du chant du *Te Deum* se mêla au chœur des anges sous les voûtes éternelles.

Guiral choisit pour y passer ses jours la plus haute et la plus froide de nos montagnes.

L'austère Sulpice se retira non loin de Cantobre dans un ravin touffu ayant pour abri la voûte d'un rocher. Un chien du château lui apportait, dit-on, chaque jour pour nourriture un petit pain qu'il dérobait à ses maîtres.

Alban ne s'éloigna pas autant que ses frères. Il établit sa demeure sur l'un des mamelons de la riante montagne qui protège Nant des vents marins, et d'où il pouvait sans regret contempler sur le pic d'Algues l'ancienne demeure féodale.

On dit aussi que Berthe, touchée par la grâce, se retira dans un monastère de femmes où, en entrant, elle vit tomber sa blonde chevelure sous les ciseaux d'une abbesse sa parente.

Au moment de l'adieu suprême, les trois frères s'étaient promis d'allumer tous les ans aux fêtes de Pâques un feu brillant qui serait d'ailleurs leur seul lien ici-bas. Pendant de longues années au chant d'un Alleluia joyeux, Sulpice quittait sa sombre grotte et, gravissant la montagne, se rendait vers les hauteurs du roc Nantais pour remplir son engagement ; et les habitants de Nant contemplaient avec attendrissement les gerbes enflammées qui s'élevaient des trois côtés à la fois vers l'immensité du ciel.

Mais vint une nuit de Pâques où le pic neigeux des Cévennes ne s'éclaira point. Guiral manquait au rendez-vous, ses cendres reposent sur la haute montagne dans un endroit inconnu. L'année suivante, Sulpice avait rejoint au ciel son frère aîné.

Maintenant, quittant la légende pour rentrer dans la réalité, nous dirons que les cendres de Sulpice, pieusement recueillies, reposent dans un coffre de bois vermoulu en forme d'arche avec cette inscription grossièrement peinte sur deux faces : « Reliques de saint Sulpice ». Elles sont placées dans l'abbatiale de Nant sur un tombeau faisant retrait dans le mur de la chapelle dédiée à Saint Roch.

Nous les avons vues à deux reprises portées par les pénitents blancs et accompagnées par de nombreux pèlerins qui, selon la tradition, se rendaient processionnellement au hameau de

Saint-Sulpice, allant demander par leur intercession la cessation d'une opiniâtre sécheresse. Les consuls en cette occasion votaient autrefois quelques livres d'argent destinées à l'achat de pain et de vin pour la réfection des pénitents blancs.

Une fête solennelle était aussi célébrée dans le monastère de Nant pour honorer saint Sulpice ; cela résulte du testament du religieux de Constans, cité plus haut, voulant qu'une messe basse fut dite à la chapelle du Claux le jour de la fête de Saint Sulpice.

Alban, le plus jeune, survécut à ses frères. On ignore l'époque de sa mort. Sa précieuse dépouille dut certainement reposer sur la montagne pour y continuer éternellement sa vie d'anachorète.

La population nantaise qui l'avait toujours aimé et regardé comme un saint, voulut le vénérer comme tel en élevant un oratoire à sa mémoire sur la montagne où il s'était retiré. A quelle époque ? On n'en sait rien. M⁰ Guérin, avocat, qui a écrit la description de Nant vers 1670, dit :

Un autre (montagne) qu'es plasade aqui sus lou davan
Es un grand armitage apellat Sant-Alban
La gleize es al pus haût que reste tout entièire
Despiey mille ans bastide ambé de grosse peire.

Alban, sa vie durant, eut-il des imitateurs, des disciples ? Nous ne saurions l'affirmer. Il en eût certainement après sa mort. D'autres ermites se bâtirent des huttes sur la montagne et creusèrent dans le roc une citerne qui reçut les eaux pluviales de la chapelle pour leur servir de boisson.

Durant le cours des siècles, ils furent parfois plusieurs à vivre de la vie cénobitique, à tel point que l'autorité ecclésiastique leur donna un règlement que nous reproduisons ci-dessous, et dont l'original est entre les mains de M. le chanoine André, curé.

Règlement qu'observeront les hermittes résidant a Saint-Alban.

Premièrement. Ils garderont et observeront autant qu'il leur sera possible la pauvreté volontaire en l'honneur de celle de Jesus-Christ qui a vescu pauvre parmi les hommes et pour cet effet ils ne possèderont en particulier aucun bien temporel duquel ils puissent disposer sans le consentement exprès ou tacitte de Monseigneur de Vabres leur prélat et du père directeur qui leur a esté ordonné par mon dict seigneur, ainsi tout ce qu'ils apporteront en communauté et tout ce qu'il leur adviendra par aquist, travail, omosne ou autrement sera en mains de leur directeur qui leur en distribuera ce qui leur sera nécessaire.

Item. Ils vivront et useront de tout en commung,

ne s'atribuant rien de propre ny en particulier et ne leur sera pas mesme permis de boire ny manger dedans ni dehors leur hermitage, oultre les deux refections accoutumées s'il ny a nécessité.

Item. Garderont inviolablement la chasteté perpetuelle et mesme il est défendu au sexe féminin d'entrer en leurs cellules ou tribunes y faisant leur résidence sinon avec permission de leur directeur.

Item. Rendront obeissence ponctuelle à mondict seigneur de Vabres et au directeur qui leur a ordonné avec lequel ils conféreront un jour la sepmaine pour recepvoir ses commendements et advis.

Item. La correction fraternelle se fera entr'eux quand l'un verra quelque défault en son frère et mesme le dénonsera à leur père directeur, toute fois le tout se fera charitablement et prudemment. Quand aux exercices ordinaires et de piété, ils se léveront tous les jours à quatre heures du matin et diron en commung et en leur chapelle l'office de Notre-Dame et sy quelqu'un ne scait pas lire il dira chacun jour cinq Pater et cinq Ave Maria en l'honneur de la passion de Notre-Seigneur et une fois son chapelet.

Item. En suitte des Laudes feront l'oraison mentalle pendant une heure entière, puis entendront la saincte messe, s'ils peuvent le faire.

Item. En suitte vaqueront aux œuvres manuelles et laborieuses ou à d'autres exercices spirituels ordonnés par leur directeur jusques à dix heures en l'honneur du travail, labeur et sainctes actions de Jesus lorsqu'il vivait sur terre.

Item. A dix heures ordinairement et à onze les jours de jeune, feront l'examen et pendront leur refection corporelle faisant quelque lecture spirituelle pendant icelle. Après disner diront nonnes et aux jours de jeusne ils diront nonnes et vespres avant disner.

Et puis reprendront leur travail ou spirituel ou corporel jusques à quatre heures du soir à laquelle heures diront les vespres et complies.

Item. A six heures soupperont faisant la lecture pendant le souppé puis à sept heures feront l'examen et la prière et ayant aspergé d'eau béniste leur lit et cellules et récité l'oraison, Visita d^{ne} habitationem istam..... iront prendre leur repos en l'honneur du repos éternel que Dieu a eu lui mesme et du Repos de Jésus-Christ estant sur terre.

Item. Coucheront tous les jours en habits et en leur hermitage s'il n'y a excuse et empeschement légitime.

Item. Ils recevront la saincte Eucharistie tous les dimanches et festes solennelles de l'année s'ils ne sont prestres et mesme deux fois la sepmaine sy tel est l'advis de leur directeur.

Item. Ils se disposeront pour faire le catéchisme aux paroisses circonvoisines s'ils en sont capables et sy Monseigneur le juge à propos.

Item. Veuilleront la nuit de l'Annonciation, la nuit de la Nativité et celle de la passion de Notre-Seigneur adorant et méditant iceux mystères et encore celles venant au second jour de novembre priant Dieu pour les âmes du Purgatoire.

Item. Jeuneront tous les vendredis en l'honneur de la mort et passion de Notre-Seigneur et a l'intention de Monseigneur de Vabres, de leur père directeur et de leurs bienfaiteurs tant ceux qui leur donneront l'osmone que ceux qui donneront quelque bien en leur chapelle et hermitage à l'intention desquels ils feront aussi une communion chacun mois implorant la miséricorde de Dieu pour la prospérité et le salut ( ) et de plus diront trois fois la sepmaine (li) tanies de Jésus et celles de la Vierge Marie et celles des Saincts avec les oraisons à l'intention que dessus et une fois l'office des morts pour leurs parents et bienfaiteurs trespassés.

Quand à ce qui est de l'usage des disciplines, chaînes, silices et autres mortifications corporelles, ils n'en useront sinon par l'advis exprès de leur directeur qui scaura leur comporteur et disposition corporelle et spirituelle. Quand aux visites des malades et aultres œuvres de miséricorde envers le prochain ils s'y comporteront aussi suivant l'advis de leur directeur.

Item. Observeront toutes les choses cy dessus ou celles qu'il plaira à mon dict seigneur et à leur directeur spirituel leur ordonner sans toutefois y est tre obligés soubs peine de pêché mortel.

Et tout a (.....) en présence de Mᵉ Pierre Boyer pbre et secondaire de l'église Saint-Jacques et de Mᵉ Pierre Calvy, Mᵉ Luguory (ptère soubs ce ving-septième jour de (...) mil six cent soixante, Mᵉ Lucguory, Boyer pr., Calvy pret., Roussillon curé. Signés.

* * *

C'est probablement dans la tranchée pratiquée au-dessous du mamelon pour l'extraction des pierres ayant servi à la construction de la chapelle que les ermites avaient bâti leurs cellules à une altitude de près de huit cent mètres, y vivant d'aumônes et partageant leur temps entre la prière et la culture des champs. Les plus instruits allaient parfois dans les paroisses voisines faire le catéchisme aux enfants et aux ignares.

L'enthousiasme des Nantais pour saint Alban avait fait établir sur la montagne de temps immémorial un pèlerinage très renommé dans toute la région qu'on y faisait le lundi de Pâques. Une description poétique de ce pèlerinage en fut faite autrefois par un enfant du pays, aujourd'hui curé archiprêtre de la cathédrale de Nîmes. Nous n'y reviendrons pas.

Cependant la jeunesse toujours exubérante mais toujours excusable y avait commis parfois quelques excès que la sévérité de l'autorité ecclésiastique ne toléra point à une certaine époque. L'évêque de Vabres supprima le pèlerinage ainsi que la procession du 25 mars que l'on faisait ce jour à N.-D. des Cuns.

Les consuls voyant avec peine cette interdiction qui lésait gravement les intérêts de la ville à cause des étrangers que le pèlerinage attirait à Nant ce jour-là prirent une délibération et déléguèrent M. Frontin curé de Saint-Martin-du-Vican auprès de l'Evêque de Vabres pour faire lever l'interdit (10 mai 1776).

Les ermites avaient disparu ; l'entretien de la chapelle fut négligé. Les murs se ressentirent des morsures de l'aquilon, la voûte laissa percer le suintement des orages provoquant ainsi le délabrement et la ruine.

Après la tourmente révolutionnaire, le culte ne pouvant y être célébré décemment, la confrérie des pénitents fit bâtir à ses frais un second oratoire, qui, placé en contrebas, laissait voir par une claire-voie le célébrant à tous les pèlerins groupés en amphithéatre.

En 1874, la restauration de la chapelle primitive fut décidée. Le conseil municipal que présidait alors l'honorable M. Léopold Bouty vota, sur la proposition du conseiller Michel, une somme de deux cents francs.

La colonie Nantaise de Nîmes, grâce à l'impulsion et au zèle du docteur Elie Mazel, envoya trois cents francs et mérita les remerciements du conseil municipal dans une délibération du 14 février 1876.

Des dons anonymes faits largement à M. le curé Dupuy complétèrent la somme de quinze cents francs à laquelle s'élevait le devis.

Nous ne savons par quelle aberration de l'architecte le plan de cette chapelle que nous avons vue en ruines et qui était orientée fut changé. Le pic démolisseur avait fini d'abattre la voûte, son œuvre s'acharnait déjà sur la bâtisse de l'autel quand, presque au ras du sol, sous quelques dalles apparurent des ossements humains. De qui était ce dépôt sacré ? De saint Alban ? On peut le conjecturer. Toujours est-il qu'un acte de vandalisme fut commis que nous voulons bien rejeter sur l'ignorance des ouvriers.

Ces précieux restes, qui n'auraient jamais dû quitter leur lieu de repos, furent enlevés et mis de côté pêle mêle dans un coin durant tout le temps de la reconstruction : Il nous a été donné de voir ce crâne vénérable dont les yeux, comme aujourd'hui les nôtres, ont contemplé notre vallon et en admirèrent la beauté.

Ils furent enfin placés sous le seuil de la porte actuelle foulés au pieds des pèlerins inconscients. A côté, quelques pièces de monnaie au millésime de l'année et un procès-verbal scellé dans un récipient en verre y furent aussi déposés pour transmettre aux générations à venir l'année de la réparation.

Si l'ancienne chapelle dont la voûte en pierre, recouverte de grosses dalles formant toiture n'a point résisté à la rage des ouragans et à la morsure des siècles, que sera-ce du nouvel oratoire dont la voûte en bois n'est protégée que par de minces ardoises. Déjà la croix en tuf qui surmontait le fronton a été renversée par l'aquilon ; triste présage !

Tout Nantais doit demander la conservation et l'entretien de cette chapelle afin d'attester aux générations futures combien fut grande la foi de nos ancêtres et leur amour pour saint Alban.

XI

POÉSIES DE MAITRE GUÉRIN, AVOCAT, CONSUL DE NANT

Sounet sur lou valoun de Nant (1).

Dous valoun, aïmablé séjour
Dont l'aïgo lindo que te bagne
Non trové pas cap de campagne
Qu'égale aquelle de ton tour

Perdouno s'aouzé metre al jour
Ambé mon esprit de montagne,
Tant de beùtat que t'accompagne :
Aquo fau per marque d'amour

---

(1) Cette poésie, publiée pour la première fois par MM. les docteurs E. Mazel et H. Vigouroux, a dû probablement servir de préface à la *Description de la ville et vallon de Nant*, publiée par les mêmes dans la revue des langues romanes 1874-1875 et qui avait été attribuée d'abord à Dom Guérin. Mais, ainsi que nous l'avons vu dans le chapître : Halles et marchés, c'est à M. Guérin avocat, consul de Nant, son frère ou son père, que l'attribution doit en être faite.

L'on ne te vey, dins moun oubratge
Que coume d'arriès un nuatge
Ou coume à travers de rideùx

Faudrié per faire ta peinture
Coume la fache la nature
Que mous dets fouessou de pincèux.

Description de la ville et du vallon de Nant.

Piey que dins lou valoun de Nant ay pres naïsence
Vollé, per un effet de ma recounouicence
Non pas per me douna glorio ny vanitat
Craiouna lou tableù des traits de sa bautat
Es vray q'ieu passaray veleù per temerary
Per ce que mon esprit en un paùc trop vulgary
Per pegne vivamen et fa parétré al jour
Toutes las raretats d'un tant poulit séjour
Mais, quand tout lou païs blamariè moun oubratge
Yeù vole, sans manqua ly randre aquel oumatge
Estime may passa per quauque présomtous
Que d'estré crésegut un ingrat oublidous.
Que ce quaùque saven vol fa lou critiquaïré,
Yeù ly diray qu'ay fach ce qu'ieù ay degut faïré.
Veleù et sans veleù, quaùque ignouren babard
Dira per me chouqua, qu'aco n'es pas moun art
Et que quaùdrié qu'ieù fous Ronsard ou Théophile
Per fa la descritieù de nostre belle ville.
Aquo milhou me manque et m'en sabé prou mal
Per un tant bel sujet on n'ay pas de cobal.
Lou moundé sab be prou que souy pas philosophe

Qual pot faïre un montel sans obeïre d'estoffe ?
N'importo, lous esprits plus subtils que lou mieù
Atribuaran tout à ma bonne intentieù.
Que ce quaùque brouillon dis mal de ma besougne
Ly diraï qu'es un fat, un moraut, un ibrougne.
Or donc per m'expliqua, sans qu'ieù m'estende tant
Yeù vous vau expliqua d'on ven lou nom de Nant.
Non vollé pas serqua grande philosophie
Per vous dire d'oun ven son attimologie
Son nom, sou m'es avist, ou mostro claromen.
Mais, per mieux m'expliqua, saurés premieiromen
Que lou plan de la ville ero tout esquatiqué.
Selon qu'ou ai trouvat dins un titre autentique.
Aqui non vesias pas res plus à tout l'entour
Qu'une forme d'estan que durabo toujour.
A cause que Durzou aquel temps inondabo
Pertout aquel valon que tout aquo nadabo.
Mais per lors de païsans, égalomen poussats
De la bautat del lioc cruserou de foussats,
Ambé tant de succès que, sans demoura gairé,
L'aigue se randiguet al cours que ly fay faire
Piey tenguerou conseil, et, per toutes rasous
Fouguet deliverat d'y faire des maisous.
Et las nommèrou Nant. Despiey l'on s'imagine
Que nostre ville pren d'aqui son origino ;
De sorte qu'aquel nom pren sa desrivatieu
Del verbe : nare, no, suivant mon opinieu,
Car se lou conjugas coume la règle ourdoune
Trouvas Nant al pluriel à la tierce personne.
Vesès aqui d'on pren, suivant mon sentimen
Nostre ville, son nom et son commençamen.

Nant es dins lou Rouergue et l'obesquat de Babré
Dépenden d'un seignou qu'on porte pas lou sabré
Et nautres relevan per non me trompa pas

D'un abat qu'es seignou aut et mouïen et bas.
Dins la ville aux faubourgs à quattré cens familles
De brabés compagnous e de poulidos filles.
Toutes en général viven prou bous amits.
Amay sen, Dieux mercy, talomen catoulits
Que, de pau que n'aven qu'une fede tarade
Enfecte lou troupel quand y serié mesclade
La poulice de Nant an a jamay voulgut
Que lou mendré hugounaut si siè jamay tegut
Et despiey seguissen talomen aquel ordre
Que nous farian grilla puleu que ne remordre (1.
. . . .
El que sous mestigats, percé que sans menty
Leur ero trop fachus de se leva maty.
Leur templé que parès quiquon de bel encare,
Mostre be qu'es estat une cause fort rare ;
Lou bastimen es haut et de grande espessou
Apuiat d'une tour d'une extreme groussou.
Que domine surtout e fa veire sa teste
Incomparablamen plus haut que tout lou reste. (2)
Aqui gardou lou corps del glorieux sant Sulpicé
Que nous rand al besoun un merveilleux officé ;
Car, quand lou reclaman dins nostres afflictieux
Intercede d'abord per nautrès envers Dieux :
Et son interssissieu nous es tant fabourable,
Que sen deliverats d'un fleu que nous accable
Et ce que remarquan de plus miraculoux

---

(1) Il y a ici une lacune intentionnelle du scribe. Les vers qui suivent indiquent, ce semble, que Guérin prenait à partie les moines, non sans quelque malice apparemment. (Note de MM. E. Mazel et H. Vigouroux.)

(2) Il manquerait ici deux vers à rimes masculines (Note id.)

Es que quand l'invouçan dins las grandes caloux,
Que lou poble pertout cride de secoresse,
Nous obten, sans monqua, de plejo ben espesso.
Aquel sant mouriguet dedins lou trauc d'un roc
Fils de sant Benezet et bestit de soun froc.
A dos legos de Nant dins un poïs sauvatgé
Oqui, quand fa gran caut, anan en roumibatgé
En son corps benheuroux, et sen ossegurats
Que raromen tournan sans estré pla mouliats.

Nant on a pas res plus de bel dins son enceinte :
Mais certes, la campagne es daùs pertout plasente
Cal doun que sourtiguen. Vesen des raretats ;
Toujours descoubrisen de noubelles beutats :
Foré lou gran pourtal aven une esplonade
Onté l'herbe verdeje et de grands oms plontade (1).
Aquo nomman lou Claux, dins lou cal un cadun
Despiguan nostre blatz percé qu'es del coumun.
Aqui vesen souven de jougaires en foule
Qu'a cops de palamas y fon couri las boules ;
Aven aqui lou joc de paume et de valoun
Et los cartes fasen barailla dejoust l'oun
Un aùbre sans pareil tout contre la sourtide.
Bastit ol tour del tronc an de peyre causide.

Aqui dins lou mercat que se ten lou dijaux
Trouvas de vi, de pan, de froumatgé amay d'iaux,
De touzelle, froumen, de paumoule granade
D'ordy de cousegal et de belle sibade ;
De sial et de mil e force canabou,
D'als, de sebes, de nats quand sen dins la sazou
Las Sevenes, St-Jean, tout aquelles montagnes,

---

(1) Nous nous sommes permis d'ajouter ce vers qui manque dans l'édition de MM. E. Mazel et Vigouroux, dont nous nous sommes servi.

Venou crompa de blat et portou de castagnes,
Car, sans nostre merquat, aquelles sevenols
Non mang(e)arian qu'aglan coume lous esquirols.
Perce que lou froumen qu'es dins sos rostoulieyros
Non es pas suffisen per nourry sos chambrieyros.
  Mais yeu m'estende trop, contre mon intentieu ;
Me cal, sans differa, segui ma narratieù.
Par une raretat talomen admirable
Que la pluspart crérian que fougues une fable.
A cent passés del joc, abal dins un embaux
Tout contre lou grand plan qu'ay mensounat lou claux
Aven une gran fon dejoust une decente
Qu'imite lou souleil quand verme et quand aumente
Et, quand al miech de juin torne creise soun cours
Elle pareillamen se verme cade jour :
De sorte que l'iver ne rage que de goutes,
Et ramplirié l'estiéù dins un jour dous cens boutes
Et que non creira pas que vengue dos fes l'an
Veire se rage tant à Noël qu'a Sant Jean.
Dedins un bastimen coume une froumatgeire
Aven un autre fon que val une glassieire ;
L'endrech es tant poulit que toutes l'admiran :
Son nom despiey longtemps es la fon de Peiran.
Se l'apetis vous pren de vieùre d'aigue fresque
Aqui la trouvarès ou dins la Barbaresque.
Aquo's un autre nom d'une fort belle fon
Qu'aven pres des moulis, tout contre lou gran pon ;
Son aigue de cristal nays aqui sous lou tieùré
Tant fresque, que quant sort, tout esquas se pot vieùré.
Es vray qu'on va pas lion sans aveire secours,
Car Dourbie l'endavalle en son rapide cours.
Las fons qu'ay mensounat sou toutes à la vise.
Que jamay lou soleil non y toque pas vrise,
L'aigue de toutos tres es bouno que ravis

On n'a pas qu'un deffaut, que gasto nostres vis.
Lou gran pon qu'ay nommat on a que dos arquades
Et jamay non n'ay vist de milhou massounades.
Lou pillié qu'es al miech es fach tan finamen
Que dirias qu'un fustié la tirat al simen.
Lous baris sou pausats às dous coustats de ville
Entourats daùs pertouf d'une plane fertille,
Lou ques dessus lou Claux nomman lou bary naùt
Bastit dins un endrech ben poulit et ben caüt
La paroisse es aqui ben dignamen servide
Per dous bous capelans que ne tirou leur vide.
La ville es situade al mitan del valon
En un endrech qu'es plan conme joch del valon.
La figure de Nant es quasy toute ronde ;
Tout es ben muraillat, car la peire y abonde
Sieix toures fan lou tour, d'une estreme naùtou
Que branlou pas jamay d'un pas de leur canton.
L'on pot sourty de Nant soulamen per tres portes :
Mais per non menty pas on sou pas gaïre fortes,
Lou castel abastial, qu'es un poulit sejour
Es tout près d'un pourtal regardant lou miéjour ;
A tout coustat l'on vey de tourréz élévades
Plus haùtes que l'oustal et daùs pertout flancades ;
Lou foussat, pla garnit de l'aïgo de Durzou
Ben large et ben profond, antouro lo maisou.
Mais tout ce l'on vey dins aquelle demore
N'es pas res à l'égard de ce qu'on vey defforc
Car, en sourten lou cap de la fenestre enhors
L'on vey dovan lous yols de camps, de prats et d'hors
L'on contemple d'aqui la beautat de l'Estrade
Ambé de grans nouguiès que servou de parade.
D'aqui l'on pot ausy, mais qu'on sian dins l'hiver
Mille sorte d'aussels que chacun fo son er.
Es un plazé rouyal d'ausy guarda la notte

Al pinsart, al sinil, à la guaye linotte ;
Vous ausisès après pausat subré lous ons
Lous pichots roussignols que fan mille fredons ;
Et se voulen sourty, pouden, lon de la rive
D'un canal qu'es guarnit aqui tout d'aigue vive,
Contenta nostre humour, toujour sus lou guason
Canta, rire, dansa, dourmy, s'on no beson :
Et, sans plus alonga, sans quitta nostre fille,
Intren dins lou jardin del seignou de la ville.
Las filles van aqui per faïre mille jots
D'aùtres en leurs gualans per parla de leurs flots.
L'herve fresque lour sert à faute de cadieires
Joust lous aubrès fruchès plegats en espalieires,
La ville per dedins, n'a pas res plus de bel
Que la Gleiso d'aquel que ten las claùs del Cel
Aquel temple es servit per dobze brabes mourgues
Qu'an un ruban per froc, son comme de canonges.
Aro vau diùs un mout, per non m'estendré tant
Vous diré ce que fa tout l'ournamen de Nant.
Vous cal saupré qu'aven, près d'un de nostres baris
Un coullège fameus de Peres douctrinaris
Que Pierres de Maillac baron de Magallas
Fondet per elléva lous efans de Pallas.
Las cinq classes s'y fan et la philosophie.
Non y manque res plus que la téologie.
En sourten del pourtal trouvas de regimens
De pichots efantous ambé leurs rudimens ;
E lous autrés que soun à la plus haute classe
Legissou Cicéron et lous aùtres Horasse.
Yeu crésé qu'ausiran dire qu'auque maty
Que las fennes de Nant parlaran leu laty
Et que vieura dex ans veira qu'aquesta ville
Aura may d'Estudians de bel cop que l'Esquille
Et dedins paù de temps aura may de renon

Que se passabe l'Ard, la Flêche amay Tournon.
Après ave parlat del coullege des Pères
Me cal dire quiquou del couven de las Mères.
S'on ne parlabé pas m'appellarian ingrat
Car leur establissement es dins moun counsulat
Qual donques que satchas que son de Nostre Dame
Régides dignamen per une belle dame.
Exate dins sa charge et principalemen
Garde lous estatuts ou règles del couven.
Sa boune écognomie es digne de louange,
Prudente en sas actieux, dévote comme un ange.
E val tout nn trésor ; car tout lou mounde dis
Que lou pichot couben resemble un paradis.
Lour bastimen es fach subre lou roc del Tieuré.
Et son protges del rieu quand voudran ana vieùré
Tout lour apartemen regarde lou miet jour
Et podou fa veny l'aigue à la basse-cour
  Après ove parlat de la ville et des baris
Des mourguès et curats, mères et douctrinaris,
Yeu volle entieiramen segui ma narratièu
De ce qu'ay entrepris dedins ma descriptièu,
Nostré valon es donc lavat per dos rivières
Bourdades d'aùbrés nauts lou long de las aurieires
L'une s'apelle Dourbie et ven de l'Esperou ;
Dins aquelle se pren de peïs que fa frayou ;
L'autre nomman Durzou qu'es fresque comme glasso
Que s'y trempas las mans, l'estièu las vous senglasse
Et l'hiver, al grand frech, s'aves grep à las mans
Vous remet tout lou sang comme l'aigue des bans.
Aquelle fon sourtis, sus la plate campagne
D'une conque de roc al pe d'une montagne
Piey ven lou long des prats et sans se desparti
Jusques qu'es arrivade al pon de Sant Marty
Quand a passat lou pon, se partis en dous brassés

Dont l'un fay sy grand saùt à vint ou trente passés.
Ambe un musiquamen tant plozent et tant doux
Que pourriè deverty las plus nègres humoux.
Piey va long de l'Estrade et de la Condamine
Faire un aùtre grand saut abal à la Mouline
Quand a passat lou pont s'en va dins un canal
Per faire travailla las boulzès et lou mal.
Après, tout murmuran, couris comme une balle
Mais non va guaire lion, car Dourbie l'endavalle.
L'autre bras va dins Nant, et boumis as coustats
De rieux per arrousa lous jardins et lous prats.
Après, tout murmuran, lou grand canal enfile
Et va sans s'arresta fa lou tour de la ville.
Quand a fach aquel tour, s'andavalle tout lis
Et va faïre bira sieix rodes de moulis
Après se met dins Dourbie et Dourbie dedins Tar,
Tar s'ajuste à Garonne et Garonne à la mar.

 Nant es plassat al miech de tres nautes montagnes
L'une produis d'aglan et l'autre de castagnes.
L'autre qu'es drech del Claux nomman Roque-Nontès
Aquelle pren son nom d'aquel gran roc qui es ;
L'autre qu'es al coustat, dedassay la rivieire
L'apellan lou Devès autrement la Poncheire.
Un autre qu'es plasade aqui sus lou davan
Es un grand armitatge apellat Sant-Alban
La gleize es al pus haut, qué reste tout entieire
Despiey mille ans bastide ambé de grosse peire ;
Lous habitants de Nant chacun en poussessieu
Y van lou lendeman de la Resurrectieu.
D'aquelles tres grands piochs qu'ieu vene de n'escrieure
En la nayvetat que yeu n'ay degut dieure
Se vey nostre valon que ten tout un païs
Ambé tant de beutats que l'iol s'en eblouis ;
D'amon l'on vey pertout l'aygue que serpenteje

L'on vey l'erve des prats que daùs pertout verdeje
E l'estrade surtout farcide de nouguiès
Lorsque, ben enramats, hauts coume de clouquiès
L'on lous vey agita quand lou ven lous manège
L'on y vey, dins un mout, la beutat que fadeje.
   Dins lou valoun aven, per la grâce de Dieù,
De fruche per l'iver et d'autre per l'estieu ;
De precets et d'auberges, d'abricops de Pavie.
Doucès entre las dens coume s'erou d'oublies ;
De poumes per lous camps, per lous prats, per lous orts
Que de tanses que n'ia n'engraisan nostres pors
N'aven de blan burrèu, d'agres, et de jalades
Que son fresques tout l'an quand sou pla conservades
De renettes, d'anis, d'avignone, d'amour
Que quand sen à San-Jean ne mangean cade jour.
D'agros, poumes d'enfer et de belles mourudes
Pomme Dieu, Canamille et d'autres plus menudes ;
De serrieires per tout et de bels aguindoulx
De costagnes que son quioches dedins un boul :
De prunes de Damas, d'imperiales, de blanques
De verals et de dats que fan coupa las branques ;
De nesples coume d'iaux, en cinq closses dedins ;
De figues à l'abric per vignes et jardins ;
D'amellas à creva, d'auglanes pla granados
E de sorbes per tout à belles ramelados
Non say non manque pas quantitat de coudouns
De diverses faysous : de pouchuts et de rounds.
D'amoures quauque pau e de corniés fort bellos
De peros de cinq cars amay de muscadelos,
D'engouisses, de gouials, minetes e fondens
Que portou pla lour nom ; que fondou per las dens
D'estoupes bon crétien, d'autres bellés perasses
S'ieu las voulié conta, n'aurié may de cent rasses.
Per l'oulive qu'aven, non cal pas de moulis ;

Mais, per de belles nois, aiso n'es lou païs ;
Quand van al Lenguadoc, or d'une gran fourtune
S'on cridou : « Nois de Nant, on ne vendrian pas une,
Lou vi de Nant es bon, dalicat e frian,
Mais n'es pas tant madur qu'aquel de Frontignan.
Nostres fennos souven ne fan las deliquades ;
D'abort que l'au tastat y soun accoustumades.
 Enfin vous vaillé Nant per un séjour heuroux ;
Que se quauque estiquit qu'on siè pas salutous,
Que sie fetblé de nerfs, tout pallas et tout magré
Ou bé quauque gamat vengue aici changea d'ayré,
Volle moury d'abort, se say deimore un an
Qu'on sie gras coume un porc quand a mangeat d'aglan.

XII

DIALOGUE DE L'OMBRE DE L'ABBÉ DE NANT AVEC SON VALET ANTOINE

Afin de vulgariser et rendre plus populaire, à Nant, notre moine poète, dom Guérin, nous avons décidé de joindre à notre monographie son célèbre « Dialogue de l'ombre de l'abbé de Nant avec son valet Antoine ».

Parmi les diverses éditions déjà parues, nous nous sommes servi de celle que le docteur Elie Mazel publia en 1884, prise sur un ancien manuscrit que possédait une des plus vieilles familles de Nant (1), descendant, par les femmes, de la lignée de Guérin.

Voici, d'ailleurs, ce que dit cet érudit, à ce sujet, dans la préface de ce dialogue :

« L'original que nous publions aujourd'hui » permettra d'apprécier les mutations, les di-

---

(1) Famille Bruguière Jules.

» verses variantes et les additions souvent peu
» intelligentes que lui ont fait subir les impri-
» meurs et les copistes. Il se recommande,
» principalement, par une abondance de dé-
» tails typiques, quelques expressions ancien-
» nes et des allusions qu'on chercherait en vain
» dans les éditions connues.

» Nous avons dit, ailleurs (1), que ce manuscrit
» était contemporain de l'auteur. Nous pouvons
» ajouter qu'il a été probablement rédigé sinon
» sous sa dictée, au moins sous son inspiration,
» car il a fait longtemps partie de ses papiers de
» famille. »

L'orthographe en a été respectée presque partout.

L'OMBRE DE MONSEIGNEUR DE NANT
QUI VIENT APPAROITRE
A SON VALET DE CHAMBRE APPELÉ ANTOINE

L'OMBRE
Antoine, mon ami, mon serviteur fidèlle,
Interromps ton someil escoute qui t'appelle.

ANTOINE
Las, moun Dieu ! Yeu suy mort, yeu aussisse une voix :
Ma mouliè, seinen-nous.

---

(1) *Revue de lang. rom.*, t. V, p. 377.

L'OMBRE

                Le signe de la croix
Ne me fera pas peur, je ne suis pas le diable.

ANTOINE

Pauré ! qual ses-vous donc ?

L'OMBRE

                Ton mestre deplorable !

ANTOINE

Mon mestre !

L'OMBRE

          Mon ami, n'en doutes nullement :
Je suis ton bon seigneur.

ANTOINE

             Vous, ses Moussu de Nant ?

L'OMBRE

Je suis tel que tu dis, quitte toute ta crainte,
Remets bien ton esprit, parle-moi sans constrainte.

ANTOINE

Al diablé séas-vous, tant de poù m'obes fach,
Jamais on ay abut un pus furious englach.

L'OMBRE

Et qu'apprehendais-tu ?

ANTOINE

              Yeu non saviè que creiré
De m'ausy mensouna sans qu'ieu pougès res veire ;
Yeu cresiè d'empremiè que fouguesses lou drac,
Jusques qu'ay rémarquat que sentias à tabac.

L'OMBRE

Ha ! bien, n'aye pas peur, reprens ton bon courage,

Je ne suis pas icy pour te faire domage,
Je viens pour une affaire ou tu me peus **servir**.

ANTOINE
Saiqué venès croumpa de tobac ou de vi ?

L'OMBRE
Ce n'est pas pour cela.

ANTOINE
Que say venès dounc faïré ?
Qu'avès vous oublidat ? Lous morts non tournon gaïré.
Per qué venès troubla lou mounde quand se dor ?

L'OMBRE
Je reviens tout exprès pour quérir mon trésor.

ANTOINE
Certe, aro n'ay pas son : coussy, dins l'aùtro vido,
Cal téné, coume aisy, toujours bourse garnido ?

L'OMBRE
Il me faut contenter le nautonier Caron,
Qui n'a jamais voulu me passer l'Achéron
Sans lui payer son droit. Cette vilaine beste
Aussy tost qui m'a veu m'a dit d'abord : Arreste !
Paye plutot qu'entrer, ou bien retire toy !

ANTOINE
Parlas-t-y tout de bon ?

L'OMBRE
Je te dis vray, ma foy.
J'ay bien voulu donner des marques de courage
Mais, ma foy, quand j'ay veu qu'il entret dans la rage
Je m'en suis enfui. Et, pour te parler net,
Je viens quérir d'argent que j'ai au cabinet,
Je me suis avisé de venir à bonne heure

De peur qu'en retardant on en fît l'ouverture.

ANTOINE

Ha ! per ma fé ! Moussu, vous ses endarrairat ;
On espererou pas que fouguès entarrat.

L'OMBRE

On n'aura pas tout pris ?

ANTOINE

      Tout jusqu'à las sarrailles,
On lay aù res laissat que las quatré murailles,
Messieurs lous héritiers courisien al coval
Justomen coume fau las fedos à la sal.
Se vous oguesses vist quanios gens de levado !
Leur fasiè pessomen de laisa la tieùlado.
En tout lou cabinet non trouvorias clavel
Que vous pouguès servy per penja lou montel.
Tout es estat birat, sans vriso de vergougno,
Jomay pus you n'ay bist uno talo vesougno.
S'obias resquost d'argen lou vous auran trouvat,
Car on y a pas ma(g)hon qu'on l'ajou soullevat.

L'OMRRE

Tu me veux étonner.

ANTOINE

     . Diable sie sé men risé,
Se vous lay ou vésias, n'an fach m'ay q'ièu non dise.

L'OMBRE

Voy, que ferai-je donc ? je suis mal à cheval.

ANTOINE

Vesès, piey que voulias ana pra qui naval
E que sabias que qual passa la grand rivieire,
Devias prene d'argen ou passa un jour de fieire,
Perce qu'an aquel jour, al countrat es coumpres,

Tout exprès à Caron de non prené pas rés ;
Toutes lous aùtres jours qual pogua lou possatgé.

L'OMBRE

Je ne le croyais pas.

ANTOINE

Aquo's pas estré satgé
De diré « non cresié », aquo's estré flaugnac,
Saiqué vous souven bé qu'en passan à Gignac,
Vous a toujours qualgut mettre man à la mitto,
Que jamay vous aù fach credi de cap de pitto.
Per qué donc crésias vous qué Caron vous possès
Sans li pogua son drech ? Aquo's, aro, un proucès.

L'OMBRE

Je n'aurais jamais cru qu'il eut eu l'impudence,
De m'oser demander la paye par avance.

ANTOINE

Vous crésias de passa, tant de nioch que de jour,
En disen : « Mon ami pagaray al retour. »
Per qual lou prenias-vous ? El non es pas novice,
El es despiey longtemps dins oquel exercice,
E sabé qué s'un cop ses possat dedolay
Non cal pas espera que soy tournès jomay.
Lou mieù payré loy es, amay ma pauro belo,
Mais depiey que lay son non n'ay saupu nouvelo.
Poguas lou, que que siè que vous satgé cousta,
Car el non trovo pas son conté de sousta.
Yeu crésé qu'ay dex solz, per lou fons de mon coffré,
Tout en liards et dignès, Moussu, yeu lous vous offré.

L'OMBRE

Que me dis-tu ? dix solz ? Il veut dix mille francs.

ANTOINE

Cousy, pauré Moussu, vous doné per cent ans,

Ha ! lou traité Caron ! ha ! la maudite Parque !
Vous dibiè laisa vieuré ou vous passa lo barque.
Per trouva tant d'argen, vous qu'aùdriè trop rouda,
Jomay vous ne possas se non sovès noda.
Vous ses toujours estat d'un humou fort timido,
Lou devias corela comme faguet Aleido
Quand lay anet cerqua Théseo son amic ;
Aro vous foursara de paga ric à ric.
Quand vous a counouscut poultron comme uno vaco,
Se quoliè opiniostra, non pas vira casaquo.

L'OMBRE

Tu en aurais fait tant.

ANTOINE

                Ah ! pardi non auriè,
En you auriè trouvat aquel que li quoliè.
Se vous volias quiquon, tournarias dins sa caze
Amb'un bon pistolet, amb' uno boun' espaze.

L'OMBRE

J'aime mieux le payer, non pas que j'aie peur,
Mais, vois-tu, par ma foy, ce n'est pas mon humeur.

ANTOINE

D'ont aùrés tant d'argent ? vostro soumo m'estouno.
En tout Nant, per ma fé, ne trouvorés persouno
Qué la volgué presta ; per vostres heritiès,
Non vous voudrien boila soulomen dex diniès.

L'OMBRE

Tu railles, mais tu sais que l'honneur les engage
De fournir ce qu'il faut pour faire mon voyage,

ANTOINE

Al jour d'ioy l'intérêt es pus car qué l'hounou
Que me penjou d'abord se non disou de nou.

L'OMBRE
Et comment le sais-tu ?

ANTOINE
Res que per conjecture
Amay on juroriè sur la Saint'Escriture
Après ce qu'ieu ai vist, podé parla ségur.

L'OMBRE
Et que ferai-je donc dans un pareil malheur ?
Peut-être qu'en cherchant tu trouverès un homme
Qu'aurait la volonté de prêter cette somme.
Je m'en obligerais (*obligerois*) pour qu'il ne perdit rien.

ANTOINE
Et en cal s'en prendrien ?

L'OMBRE
A ceux qui ont mon bien.
Ils seraient obligés, pour sy peu qu'on les presse
De payer tout ce qu'il seroit dans ma promesse.

ANTOINE
Cal diablé crésès-vous qu'ajé tant paùc de sen
De s'acheta (u)n proucès ? Qual sera l'innoucen ?
Et piei qual crésès-vous que siè tant flac de teste
Dé presta tant d'argen sans saupr(é) à cal lou preste?

L'OMBRE
Tu répondras pour moi.

ANTOINE
La tarrible cautieù :
Ha ! lou bravé guaran qu'aurien trouvat amb'ieù !
Tout esquas al loutgis on d'aquo de Pernette
S'auzou fiza de yeu, possat une fouliette.
Et vous voulès qu'ieu trov(è) uno somme d'argen
Que fay dex mille cops may que you n'ay valen
Vous dieurias aguacha de tourna vieùre encare.

L'OMBRE

Hélas ! je ne suis pas si saint que le Lazare
Des miracles si grans à présent n'ont pas cours.

ANTOINE

Vous cal fa veire donc penden sept ou ioch jours.
Car tant que vous serés comme s'es, invisiblé,
Non trouvarés pas liard, acos es impoussiblé.

L'OMBRE

Cela ne se p(e)ut pas, l'esprit ne se voit point.
Il faudrait pour me voir que mon corps me fut joint.
Si je n'en puis trouver qu'en faisant qu'on me voie
Il n'en faut plus parler, cherchons une autre voye.
Mais je te presse trop, je t'an crie pardon.
Va dire aux habitans qui(ls) me fassent ce don.

ANTOINE

Or qu'ojats per cautieu Moussu de Ventiboli
S'on ovès d'autré grais, forés de soupe on d'oli.
Tampla lay lous avès servits dins lours besouns !
Bé serias pla bengut !

L'OMBRE

            Ma foy, tu as raison !
Au lieu de les servir, quand ils souffraient, la foule
De tant de régiments qui leur plumaient la poule,
Au lieu de travailler à leurs délogements,
Je prenois sans pitié leurs mauvais tretements. (1)

---

(1) Ce passage qui manque dans les éditions parues jusqu'à ce jour, est une curieuse allusion aux excès des garnisaires de l'époque. (Note du doct. Elie Mazel.) Nant était, en effet, un lieu de passage fréquent pour les troupes du roi. Nous avons relevé dans les registres de la mairie, que, lors de la guerre d'Espagne, trois régiments de dragons passèrent à Nant, après avoir descendu la côte de Vallongue, et y séjournèrent.

ANTOINE

Ar(o) on trouvorés tout.

L'OMBRE

Que veux-tu que j'i fasse ?
C'est à cette heure fait, n'en parlons plus de grâce.
Prenons un autre biais.

ANTOINE

Farai ce que voudrés,
Yeu exécutoray ce qué vous résourdrés.

L'OMBRE

Va dire à mon ajant le dessein qui m'enmaine,
De Nopses est trop bon pour me laisser en peine.

ANTOINE

Non l'avès pas trouvat ? Vous séguiguet après.
Ieu cresé, per ma fé, que partiguet exprès
Per vous pourta d'argen, car aquel fil de puto
Sans douté aura saùput aisy vostre disputo.
Digas me la vertat, se non li avès eschrich,
Car, d'abord lou paùré home ou s'es tengut per dich·
Per lay estré pu leù, aura prés la dressiere :
Saiqué n'a pas seguit ny camy, ni carrieire.
Yeu souy b(é) au mens segur qu'on a pas morchat drech·
Piey que vous non l'avés trouvat en cap d'endrech.

L'OMBRE

Comment ! que me dis-tu ? mon serviteur Denopse
A donc suivi mes pas ?

ANTOINE

El a séguit la crosse
Aquel paouré chrestiè n'es partit, qué sourtiè

Desempiey pauc dé temps d'uno grand malautiè (1).

L'OMBRE
Antoine, va-t-en voir s'il aura pris la bourse ?

ANTOINE
Vous lai serès pu leù, anas-y d'une course
Yeu ay un aguassis que me gaste lou pé.

L'OMBRE
Tu n'en sentiras rien quand tu l'auras coupé.

ANTOINE
Outré lou mal de pè, ieu ay la courte alène.
Vous ou forés milhou, prenes aquelle peine.

L'OMBRE
Tu ne feras qu'aler jusques au bout de l'eau.

ANTOINE
Non faray, per ma fé ; Caron me farié pau,
Se vous y resoulbetz, forez mai qui iou crésé (2).
Moussu anas y dounc, vous disé n'ay pas lesé
Yeu souy assegurat qu'a près d'argen oval.

L'OMBRE
Et de qui le seis-tu ?

ANTOINE
De son amic Guival,
Amay sabé d'aquel que teniè la candelle,

---

(1) Les quatre vers ci-dessus ne se trouvent pas dans le manuscrit. Ils sont tirés de la notice sur Saint-Pierre de Nant, par l'abbé XXX (année 1848).

(2) Ce passage offre plusieurs variantes : Le vers du manuscrit
« Se vous me résoulias faire may qu'ieu non dize »
est incompréhensible.

Que vejet qu'en parten pourtabe l'escarcele ;
Mais, certes, sabé pas si a d'argen per vous.

L'OMBRE

Ha ! puisqu'il en a pris, il en aura pour tous.
Il ne doit rien payer, car Caron n'a de prise,
Que sur les grans seigneurs ou sur les gens d'église.
Me voilà satisfait. J'ai repris tout mon cœur,
Puisque je say là-bas ce brave serviteur.
Je languis de le voir, je m'en vay sauver vitte.

ANTOINE

Aro, quand vous voudrés, poudès gaigna guarite.

L'OMBRE

Adieu, tien ton gaillar, quand tu viendras chez nous,
Tu seras bien venu.

ANTOINE

                         Tenès lay vous jouyous,
Demouras ley sans yeu. On ay pas gran evége
Qu'encare aquel pendut de Caron ley me vége.
A perpaux, oublidab(e) un avis impourtant.

L'OMBRE

Parle donc dans deux mots, ne me retiens pas tant.
Il me tarde déjà d'aler payer ce lâche.
Dis moy donc vitement ce qu'il faut que je sache.

ANTOINE

Quand vous aproucharés del séjour infernal
Aguachas que Servele on vous fague pas mal
Acquo's un gros chinas estoquat à la porte
Exprès per empocha que persone n'en sorte.
Et que vous vay jeta de gourgados de fioc
Quand vous aprouchorés per intra dins lou lioc.

L'OMBRE

Quel ordre tiendray-je pour en avoir l'entrée ?

ANTOINE

Cal averty Pluton comme faguet Enée.
Aquel loy donne l'ordre, el es lou gouverneur.

L'OMBRE

Il faut donc sans manquer que je lui rende honneur.

ANTOINE

Se voulias l'obligea de vous fa bonne mine,
Anas veiré d'abort la reine Proserpino.
Anas piey visita dins leur opartemen
Megère amay sa sœur, fosès leur complimen.
Quand aurés fach la cour à toute aquelle rasse,
Pluton vous anara mena dins vostre place.
Vous veirés lous quartiès de toutes lous prélats,
Comme sont, cardinals, avesques et obats.
Jomay non ses estat dins une talle fieire :
Vous veirés Sisiphus que fa roula sa peire,
Trouvorés Exion que fa roula son tour ;
Vous veirés Prometux bequetat d'un beautour.
Vous y veirés Tontale estiquit comme un sieuré
Qu'a d'aigue jusqu'al col, sans ne poudé res vieuré.
Vous veirés Démostène, Ovide et Cicéron
Alexandre lou gran, Cesar omay Sipion ;
Vous trouvorés aqui toute lo Médecine,
Hippocrate, Galien et lou mentur de Pline ;
Aqui veirès Vertole en son livré de leis
De princes et de duchs, d'empereurs et de reis.
Enfy vous y veirés de bostars, de compicés
Et de menestoirals, toutes on leur houstissés (1)

---

(1) Ces quatre derniers vers ne se trouvent nulle part que dans le manuscrit.

Se vous voulias jougua per possa votre temps,
Ou fuma de tabac, trouvarés vostres gens;
Non y languirès pas en tan belle compagne
Percé qu'aquo lay es un pais de Coucagne.
Mangearés eitamben touto sorto d'aucels :
De perdrix, de becasso, amay force estournels,
De grassets, de quieou blancs, de merles, d'alouettos
De creou, de tarnagas, de quinsoun de rousétos,
De foudrès, de pluviès, de lebrés, de faisans,
Per cinq soou lo douzeno avez leis ourtoulans.
Et piei, Mousu l'abbé, que voulès davantage
L'on a per dex denies la lieuro de froumage (1).

L'OMBRE

Bien que dans ce peis on ait tout ce qu'il faut,
Je voy que tout le monde apréhande le saut.
Mè, dis moy, s'il te plaist, puisque le temps nous dure
Les honneurs qu'on me fit dedans ma sepulture.
Sans doute tu y fus, tu assistas à tout.

ANTOINE

Yeu vous ou vau compta des pes jusques al bout.
Quand vous fouguerés mort, digus non jettet larme.
On y aviè que ieu que fouguese en alarme.

L'OMBRE

Quoy ! l'on ne pleure point !

ANTOINE

     Ploura ! n'èrou bé lions
Ha ! que se vous sobias abian be d'autres sions !
D'abord qu'ajerés fach la derniero badado

---

(1) Ces huit derniers vers en dialecte du Rhône se trouvent dans une édition d'Avignon 1814, et Alais 1870.

Ne portigueroun doux per garda la nisado,
L'autré foguet sola justomen vostré corps
De la même faissou que ne salou lous porcs
Piey lou foguet plega dedins de simplo tello.

L'OMBRE
L'aube qu'on mit dessus étoit-elle fort belle ?

ANTOINE
Non y metterou rés, jomay sans raillarié
Non ay vist, ny veiray talle coquinarié.

L'OMBRE
L'on ne m'abilla pas en ecclesiastique ?

ANTOINE
Non foguerou pas may qu'aurien à un laïque.

L'OMBRE.
Et comment osa-t-on passer par Montpellier ?

ANTOINE.
Non y serquerou pas tant de cérémoniès ;
S'en chautabon tant pauc comme d'une serieire.

L'OMBRE
Quels prestres me portoient ?

ANTOINE
                Doux mullets de litieire.
Non enpronterou pas, per fa vostres hounoux,
Ny mourgué, ny abat, ny capelan, ny croux.
Ainsy calguet sourty d'aquelle belle sorte.
Saique may de vingt cops avant qu'estre à la porte.
Ausigueron de gens que cridabou tout (n) haut :
« Aqui vau enterra lou corps d'un hugounaut. »

L'OMBRE
Et quand je fus à Nant, comment fit le chapitre ?

ANTOINE

Vous vouliau entera, Moussur, enbé la mitre,
La crosse dins la man, habillat en prélat
Mais vostres héritiès refuserou tout plat.

L'OMBRE

A-t-on jamais plus vu semblable ingratitude ?
Je ne soy qu'apeller un procédé si rude.
Je te puis assurer que ces vilaines gens
Ont eu de mon dequoy plus de cent mille francs,
Et principalement quatre belles chapelles ;
Je croy qu'en ce peïs on n'en voit pas de telles.
Et après tout cela, m'enterrer en coquin !

ANTOINE

Se vous oguessis vist, semblabès un foquin.
Vous ovien moilloutat comme un pichot mainatgé
Sans vous laissa dubert souloumen lou visatgé.
Enfi, vous au traita comme un gay artisan
Comme un simple pillard, comme un vrai païsan.
Ma mouillé, que sovès que fa toujours la baùje,
Disiè qué vostré corps ero une barbaraùje......
Tout escas an pagat à Moussu lou vicary
Un tiers de ce que cal per votre mortuary.

L'OMBRE

Et les prêtres voisins furent-ils bien payés ?
Les fit-on bien diner ? Furent-ils défrayés ?

ANTOINE

Quand ajerou cantat *Requiem* et lou reste
Lour dounerou cinq sols per ana fairé feste.
Jeuchas s'ambé cinq sols, ellés et lours goujats
Oviaù gairé dé bé per remply leurs fafach !
Un calguet que bailès son débit per un ferré
Que son choval perdet en dovolon un serré ;

Piey poudiè, per ma fé, mettré las dents al croc
Se quauqu'un nou l'agès couvidat dins lou lioc.
Lou mound(é) es estounat de veiré leur richesse,
Non au pas souloment fach diré qu'une messe,
Ellés au tant mal fach, en un mout, leur débé
Qu'on au pas méritat d'abéiré vostré bé.

L'OMBRE

Si j'usse devigné, j'aurois été plus sage
J'aurois donné mon bien à un meilleur usage.

ANTOINE

Devias abé dounat aquellés ournomens
A Saint Pierrés, Saint Jacqués (1), ou à quaqués couvens.
Ou dévias, per lou mens, fonda quaque capelle
Non pas laissa mousi l'argen dins l'escarcelle.

L'OMBRE

La Parque me surprint dans mon aveuglement
Je n'étois pas à moi quand je fis testament.
J'aurois donné d'argent pour marier des filles
Mais je n'eus pas le temps de régler mes cauquilles.

ANTOINE

Quand on vol fa quicon, val may pus leù que tard,
Non cal pas espera l'houre de son départ.
Quand vesias que Pluton vous dounavo l'alarme
Per qu'on soujabés-vous al salut de vostre arme ?
S'ojesses crésegut lou *Mansou* amay yeu (2)
Quand vous advertissian encore serias vieu,
Nautrés disian vé prou : « Tout lou mondé vous cride

---

(1) Saint-Pierre était l'abbatiale, Saint-Jacques, était (la paroisse).

(2) Le métayer, probablement le fermier du domaine de l'abbaye.

Qu'aquel vilen tobac vous coustoro la vido. »
Yeu vous disié toujours : — « Quitas-me Monpellié,
» Vous pourtarès milhou dedins vostre abadié.
» Vous saves qu'aquel er vous es plus favourablé ;
» Se lay démouras may vous rendrés incurablé. »
En servitou fidel you vous ou disio tout
Mais vous vous en risias, sans me respondré mout.

L'OMBRE

Je t'avoue que j'ay très mal fait mes affaires,
De n'avoir pas suivy tes avis salutaires ;
Je vois bien que tu m'as averty fort souvent,
Mais j'étois fort fâché contre certains de Nant
Que je croiés consens dedans la perfidie
Que mon neveu joua dedans mon abeïe.

ANTOINE

Quand de particuliers vous aurien bé fach mal
Non abias pas subjet d'ahi lou général
Car quand vostré nébout, ambé aquelle canaille
Vous abien tout pillat, jusques à une maille
S'on ajesses abut secours des habitants
Vous fasien tout al cop las rendes de dex ans...
Aquelle obligatieu voulié sa récompense
Mais vous n'avez jomay fach cap de différence
D'aquelles que vous an servit ou nousegut.
Atabè, per ma fé, s'agessé cresegut
Qué ma peine fouguès estade mal pagade
Vrais, auriè may aimat fa vale mon aisade.

L'OMBRE

Quoy ! ne t'ay-je pas fait un honnête légat ?

ANTOINE

Que Diable me servis, quand ou n'au pas pagat.

Aquo me rendra bé, certes, la cambo drecho.

L'OMBRE
Ah ! quelle conscience !

ANTOINE
Non, l'au pas trop destreche.
Se que m'avès dounat se passerié be prou :
Non au pas atapauc pagat Cagaraulou.

L'OMBRE
Ha bien ! sois assuré que cette vilanie,
Ne demeurera pas fort longtemps impunie ;
Je suis au désespoir que tu sois mécontant,
Mais je ne puis rien plus dans mon estat présent.
Adieu, mon cher, adieu, le jour s'en va paroistre
Il se faut séparer, souviens-toy de ton maistre.

ANTOINE
Yeu vous couvidariè de faire un bon repas,
Mais, piey que vous sès mort, saique non mangeas pas ;
Yeu vous fariè tasta de bon vi de la Prade,
Car al selliè n'aven une grosse boutade ;
Aquest'an al revès, qu'aven de vy modur,
Vous sès mort pauromen ; lou diable lou malhur !

L'OMBRE
Je ne bois plus de vin.

ANTOINE
Adieussias donc, pecairé !
Recoummondas me fort, se vous plai, à moun pairé.

L'OMBRE
Je ne le connais pas. Te ressemble-t-il fort ?

ANTOINE
Me semble tout caguat ; lou trouvorès d'abord,

Lay lou counouyserés al miech d'une milasse
Qu'es estat comme yeu une grosse bestiasse,
Demandas à Pluton, lou cantou des grouliès,
Aqui lou trouvarés qu'adove de souliès.
Diguas-ly, se vous play, qu'on esteray pas gairé
Per lou tené joyous, de l'y monda ma mairé.

ADDITIONS

Page 175, après la 4ᵉ ligne :

Les Papistes de Nant voulant se venger de cet échec décidèrent au mois de juin de mettre le siège devant Cantobre, mais ils furent mis en déroute par les huguenots (30 juin 1569).

« Le dernier jorn du mois de juin, les Pa-
» pistes assigèrent le fort de Cantobre, que per
» lors la Religon tenoibt ; telement que les Pa-
» pistes, jornelement, faisoient grants eforts
» per entrer dedens. Dont, seuls du fort se dé-
» fendoient vallemment, en faisant murtres
» jornellement. De faict, ils mandarent à Milhau
» que l'on leur mandesse secours, car les Pa-
» pistes les tenoibt assiégés. Dont, ledict Milhau
» lur manda per leur secours 80 homes, tant à
» pié que à chival. Mosseür de Beaufort aussi
» vint d'autre part, avec seus de Mairueis, de
» sorte que touts se adjoindrent avec seus de
» Milhau, à demie ou environ de lieue dudict

» fort. Or, les Papistes les aïant descoverts,
» incontinent et sens délai, se misrent en fuicte
» et se misrent en desroute et quictarent la
» plasse, laissans lurs armes, tant corselès, mo-
» rions, arquebouses et autre sorte d'armes, la
» plus part ; de sorte que les femes sortirent
» dudit Cantobre voïent l'ennemi que fuïoibt
» et les prindrent tout, et des vivres aussi, que
» en i avoict abondentement, aussi force fo-
» guasses et de flausons, et aussi de gambons
» que les païsans lur aportoient des environs,
» aussin tout lur autre baguatge quitèrent ; de
» sorte [qu]ils feürent bien batus : car il i en
» eüst plusieurs de blessés, et de morts, 18. Et
» cant à ceux de la Religon, n'en i eüst nul de
» mort ni de blessés. » (*Mémoires d'un Calvi-niste.*)

Les mêmes Mémoires relatent ainsi qu'il suit la prise de La Liquisse par les Calvinistes.

« En ce mois d'octoubre 1569, au comence-
» ment, ceus de la Religon prindrent la Li-
» quesse, près de Nant, que est un fort. Dens
» lequel fort, trevarent 6 soldats per guarder le-
» dit fort, Papistes ; et seuls que entrèrent de-
» dens ne usèrent pas de cruaulté, car lur sal-
» varent la vie ; toutesfois les rendirent prison-
» niers dens ledict fort. De faict, aïant prins le-
» dict fort, ils mandèrent à Millau que l'on leur
» mandesse des massons per renforcer ledict

» fort. Dont, la ville leur manda de massons
» per acostrer ledict fort.

» De faict, ne tarda guères que seuls de Nant
» vindrent per susprendre ledict fort et desco-
» vrir leur faisson de faire. Or, seus du fort sor-
» tirent per lur donner dessus et massons aussi,
» que avoient laissés leurs armes, excepté deux
» soldats que faisoient la sentinele. De faict,
» estans sortis, ils disputoient entre eus de per-
» suivre leur ennemic ; tellement que les pri-
» sonniers que estoient dedens se saisirent de
» la porte du fort et la fermarent bien et enfer-
» mèrent aussi les santineles, afin que ne lur
» balhassent secours ; de sorte que les soldats
» se voïans destituès du fort, ils se misrent à
» rompre une cannonière qu'ils avoient frais-
» chement faicte ; mais lesdits prisonniers dé-
» fendoient ledit fort à grans cous d'arcabousa-
» des et crioient à ceus, den aut, qu'estoient là,
» bien près : « Venés à sture, car le fort est à
» nous ! car nous susmes maistres du fort, et
» serons riches à jamais. » Mais ces Papistes ne
» ausèrent jamais aprocher, pensent qu'il i eüst
» tronperie. Or, tougious ils se efforsoient d'en-
» trer per la canonière qu'ils avoient rompue,
» tellement que un soldat volant entrer per le-
» dit pertuis, lui balharent un[e] arcabosade sus
» un bras. Or, voïant que per force ne povoient
» entrer, avec flateries à selui que guardoit le
» pertuis lui prosmirent de lui salver la vie et
» que les laisast entrer, de faisson que lui, se

» voïant sulet en ce passage, quelque fraïeur le
» print. De faict, entrarent per ledict pertuis;
» tellement que incontinent que furent entrés,
» misrent les deux au trenchant de l'espée et à
» l'autre lui salvarent la vie come lui avoient
» promis. — Sesci est escript per servir d'exem-
» ple en telles choses. »

Page 178, après la 7ᵉ ligne :

Voici en quels termes le Calviniste de Millau nous fait connaître cet abbé :

« Croiés que ce dict Larcis se sentent piqué
» de ce que Millau lui avoit ostée la proie, il
» fist accort avec mossur de Fraissinet, abbé de
» Nant, lequel abbé estoiet marié, tel[lement]
» que ledict abbé bailloit permission et licence
» al dit Larcis de antrer et sortir per toute
» sa terre, et ledit Larcis lui promist mectre
» Milhau en l'obéiscence dudit Frayssinet,
» abbé. »

Après la destruction du monastère par les huguenots de Saint-Jean-du-Bruel et la dispersion des moines, il est, d'après cela, certain que l'abbé de Fraissinet avait gardé ses droits seigneuriaux sur Nant. Son entente avec le capitaine Larcis, qui, commandant la garnison huguenote de La Cavalerie, n'était qu'un détrousseur désavoué par ses coreligionnaires de Millau, doit nous faire voir ce personnage sous un jour peu favorable:

« C'estoit un temps fort calamiteus et mise-
» rable. » (*Mém. d'un Calv.*)

REMERCIEMENTS

Ce que nous venons de narrer dans cette étude permettra au lecteur attentif d'apprécier plus intimement la vie et les gestes de nos vieux ancêtres.

Admirer les pittoresques sites qu'ils ont contemplé longtemps avant nous ; fouler le sol qu'ils ont depuis tant de siècles cultivé et ensemencé ; voir toujours les nombreux monuments qu'ils ont édifiés et dont aujourd'hui nous sommes les bénéficiaires ; se délasser, comme eux, sur les rives ombrées de nos divers cours d'eau, où parfois ils ont eux-mêmes rêvé ; voilà autant de sources où le lecteur peut puiser pour compléter notre œuvre.

En écrivant cette monographie, nous avons éprouvé un vrai régal, d'autant plus sensible qu'il nous a été donné de le voir partagé par nos compatriotes, une pléiade de vrais Nantais, tous de cœur sinon de naissance et dont la générosité a marché de pair avec leur amour de la petite patrie.

Grâce à eux, notre modeste travail a pu être ainsi soumis au jugement d'un public sympathique et éclairé.

Nous leur exprimons ici nos remerciements sincères.

A MM.

Le Conseil Municipal de Nant, qui a accordé 100 fr. pour l'illustration de l'ouvrage ;

Arnal du Curel (S.G. Mgr), évêque de Monaco ;

Aché (l'abbé), chan., secr. gén. de l'évêché de Nîmes ;

Bouat V. (l'abbé), chanoine à Rodez ;

Bouty Ach. (Dr), décoré de la médaille militaire, à Nant ;

Bouty Edmond, de l'Académie des Sciences, Maît. de Conf. à la Sorbonne, officier de la Légion d'honneur, à Paris, prop. à Nant ;

Bruguière Louis (l'abbé), curé de Molières (le Vigan), prop. à Nant ;

Calvet Henri (Mme Vve), née L. Roux, prop. à Nant ;

Curières de Castelnau (Mme de), née Calvet, prop. à Nant ;

Causse Charles (l'abbé), vicaire à St-Amans de Rodez, prop. à Nant ;

Causse Marius, rec. de l'Enr. à Rignac, prop. à Nant ;

Chabana, cap. en retr. à Nîmes ;

Comité de l'Art chrétien (Le), à Nîmes ;

Galtier Hubert, prop. au Camarat (Nant) ;

Gay Emmanuel, avocat au Vigan ;

Labat, cap. en retr. à Nice ;

Maurin Jean, recev. de l'Enreg. à St-Chinian, né à Nant ;

Mazamat Paul (l'abbé), curé de la Couvertoirade, prop. à Nant ;

Mazel Elie (Dr), membre de l'Académie de Nîmes, né à Nant ;

Mazel Fortuné (Dr), médecin des hôpitaux, chevalier de St-Grégoire-le-Grand, à Nîmes ;

Mazel Henri, docteur en droit, sous-chef de bureau au Ministre de la Marine, chevalier de la Légion d'honneur, à Paris ;

Mazel Théodore, rec. Cont. Ind. à Mauguio, prop. à Nant ;

Mazerand Félix (l'abbé), prêtre retiré à Nant ;

Michel Victor (l'abbé), curé arch. de la cathédrale de Nîmes, prop. à Nant ;

Mondou (Mme), née Agussol, rentière à Nant ;

Sauveplane (l'abbé), curé de Levallois-Perret, prop. à Nant ;

Triaire-Brun (l'abbé), chanoine, curé de Ste-Perpétue, à Nîmes ;

Union Aveyronnaise (L') de Nîmes ;

Vigouroux Elie (l'abbé), prêtre de St-Sulpice, directeur au Grand Séminaire de Nîmes, né à Nant ;

Vigouroux Fulcran (l'abbé), prêtre de Saint-Sulpice, secrétaire de la Commission biblique des cardinaux à Rome, né à Nant ;

Vigouroux Hilarion (Dr), chevalier du Christ du Portugal, officier d'académie, à Paris, né à Nant.

Merci !

E. MAZEL.

TABLE DES MATIÈRES

	Pages
Avant-Propos	v

I.	Nant au point de vue topographique et géologique....	3
II.	Première apparition de la vie humaine	4
III.	Evêché d'Arisitum	13
IV.	Première fondation d'un monastère à Nant	16
V.	Deuxième fondation du monastère	25
VI.	Construction de l'église actuelle	41
VII.	Erection du monastère de Nant en abbaye	50
VIII.	Liste des abbés	55
	1. Raimond (1135). Ossuaire ou « Vade in pace »	55
	2. Pierre de Bérenger (1165)	71
	3. Guillaume I (1180)	76
	4. Guillaume II (1217)	79
	5. Raimon de Mala Vetula (1224)	80
	6. Bernard I (1240)	84
	7. Guillaume III de Peyre (1244)	84
	8. Bernard II (1252). Nant et ses fortifications	86
	9. Guillaume IV (1269)	95
	10. Raimond III (1310)	100
	11. Bérenger I (1317)	100
	12. Bernard III (1325)	103
	13. Bérenger II (1333)	104
	14. Raimond IV (1342).Construction de l'église de Saint-Jacques	109
	15. Pierre Ier et Arnaud de Roquefeuil (1343)	114
	16. Durand I (1354)	118
	17. Gaillard I (1358). Le Pont de la Prade. Occupation anglaise (1363)	12

18. Durand II (1368)....................................	142
19. Bernard IV (1400)....................................	150
20. Jacques I (1403).....................................	150
21. Guillaume de Nogaret (1416). Nouvelles incursions des routiers...................................	152
22. Gaillard II (1449)....................................	158
23. Jean Héral (1492). Halles et marchés................	160
24. Odilon (Odon).......................................	167
25. Gérald...	167
26. Hérail Vital (1536)...................................	168
27. Jean Izarn de Fraissinet.............................	177
28. Jacques II (1579). Abbés commendataires. Création d'un chapitre abbatial............................	180
29. Jean de Fraissinet (1597)............................	182
30. Arnaud d'Ossat (1599)...............................	184
31. Henri-Anne-Robert de Melcun (1605)...............	185
32. Raymond..	187
33. Jean-Jacques de Febvre.............................	188
34. Jean de Bentivoglio (1658). Création d'un collège. Erection de la chapelle du Claux. Construction d'un hôpital à Nant. Chapelle des Pénitents blancs	190
35. Messire Jacques-Antoine Phelippeaux (1694). Armoiries de la ville de Nant......................	199
36. Messire Claude de Moidieu...	205
37. Aimé-Ange Mignot de Bussy (1744).................	208
38. André-Charles de Boisse (1773)....................	211
IX. Dissertation sur saint Fulcran, évêque de Lodève.....	216
X. Légende de saint Alban et de ses deux frères, saint Guiral et saint Sulpice...........................	240
XI. Poésies de Mᵉ Guérin, avocat, consul de Nant.........	250
XII. Dialogue de l'ombre de l'abbé de Nant et son valet Antoine, de dom Guérin...........................	262
Additions..	282
Remerciements..	287

3.413. Rodez, imp. Carrère.

www.ingramcontent.com/pod-product-compliance
Lightning Source LLC
Chambersburg PA
CBHW071343150426
43191CB00007B/833